前田育徳会尊経閣文庫編

尊経閣善本影印集成 51

禁秘御抄

八木書店

禁中事

一 賢所

凡禁中作法先神事後他事旦暮敬神之
叡慮無懈白地ニモ以神宮并内侍所方
不為御跡万物随出来必先置臺盤所
棚召女官被奉或如内侍參テ奉之
近代者如内侍不假内侍所上古多以

一 詔書 改元 改銭 赦令
及臨時大事 為詔書
上卿奉勅仰内記令作詔書 常内記之時弁草之
凡天下大事ハ儒弁草之
上ゝ令持内記参之入莒 天子覧之書日于
返給上ゝ着本座召中務輔若丞於軾
下給 不入莒 省写一通年号奥輔一人加
名
詔書式日別写一通下署送太政官日之書様其日ヲ
月ノ下ニ書也他字ヨリハ墨ニ黒ク聊大ニ書也
寛治四年十二月廿日
宸筆二字也廿日余ハ
元ト書也

例　言

一、『尊経閣善本影印集成』は、加賀・前田家に伝来した蔵書中、善本を選んで影印出版し、広く学術調査・研究に資せんとするものである。

一、本集成第七輯は、平安鎌倉儀式書を採りあげ、『内裏式』『本朝月令要文』『小野宮故実旧例』『年中行事秘抄』『雲図鈔』『無題号記録（院御書）』『春玉秘抄』『春除目抄』『京官除目次第』『県召除目記』『禁秘御抄』『局中宝』『夕拝備急至要抄』『参議要抄』『羽林要秘抄』『上卿簡要抄』『消息礼事及書礼事』『飾抄』『大臣二人為尊者儀』『任大臣次第』『大要抄』『大内抄』『暇服事』の二十三部を十二冊に編成、収載する。

一、本冊は、本集成第七輯の第七冊として、『禁秘御抄』（二冊）を収め、墨・朱二色に色分解して製版、印刷した。

一、書名は、一般的には『禁秘抄』と称され、『順徳院御抄』『建暦御記』『禁中抄』などの異称もあるが、『尊経閣文庫国書分類目録』に従い『禁秘御抄』とした。

一、目次及び柱は、原本記載の編目名を勘案して作成した。

一、原本は、墨付で第一丁、第二丁と数え、各丁のオモテ、ウラをそれぞれ本冊の一頁に収め、図版の下欄の左端または右端に（1オ）、（1ウ）のごとく丁付した。

一、原本を収納する外箱の蓋上面、内箱の蓋上面と裏面、包紙の上書、綴目附近難読箇所の接写拡大を参考図版として附載した。

一、本冊の解説は、詫間直樹宮内庁書陵部編修課長が執筆した「尊経閣文庫所蔵『禁秘御抄』解説」を収載した。

平成二十五年八月

前田育徳会尊経閣文庫

目次

禁秘御抄

禁秘御抄　表紙

（１オ）

上

賢所　大刀契　寶釼神璽　玄上鈴鹿　竈神

中殿　南殿　草木　毎日恒例　毎月事

御膳　御服　神事　佛事　進退

諸藝　御書　御使　入立　直衣　近習

御持僧　侍讀　殿上人　藏人　雜色

所衆　瀧口　出納　小舎人　地下

（2オ）

禁中事

一賢所

凡禁中作法先神事後他事且暮敬神之
叡慮無懈白地ニモ以神宮并内侍所方
不為御跡万物随出来必先置臺盤所
棚召女官被奉或如内侍参テ奉之
近代者如内侍不假内侍所上古多以

温明殿為局自僧尼及俾人許所進之
物ハ不奉之源ハ雖出僧尼家男女進乞
物ハ奉之所謂開白所進菓子多與福寺
別當所送也然而不憚之自神代為神鏡
如神宮奉仰為伊勢御代官被留置也
神事次第同伊勢
世俗同殿御坐之間　主上朝夕不敬御

本鳥仍冠巾子ニ纏諸被結御冠究此
故也　垂仁天皇御宇始為別殿御温明殿
白河院御曰内侍所神鏡飛出于欲上天而
女官懸唐衣袖奉引留依此因縁女官
奉守護云々
天徳〔村上〕燒亡飛懸南殿櫻小野宮大臣請袖也
長徳燒亡始雖燒亡無闕損有諸道勘文

云御勅使始有宸筆宣命于時殿中
光耀知御躰不變長久〈後朱雀〉燒亡帥納言經信
欲奉出火盛不合期而有光入唐櫃實不
燒云々
自一條院御時十二月有御神樂但隔年
行之近代每年有之新所之時或被行又
有臨時御神樂例

（4オ）

安徳
壽永大乱之時御西海經三年還洛之時
有三夜神樂是別例也
即位始供神物事
即位始供神物八四十合自内藏寮進之
毎月一日神供廿合也自大盤所紙二帖
内藏寮絹五疋幣料案八脚黒漆無文也
又墨筆自納殿進、薄様同奉之
賢所習不、押祈文

有瑞相鳴動光　堀川院御時寛治八年
比度々有此事　天徳焼亡之時又鳴例云々
如院御所行幸之時以号念誦堂云薫
護摩煙之所為御在所雖有例甚不可然事
也是非只謂有人夢想又其子細多之也
朱雀
天慶元年依有種々嫌温明殿修理之間
奉渡後涼殿本
奉渡後涼殿于時暗雨滂沲如激女官

新申有渡御左右近衛五位蔵人供奉之
行幸之時如此入御之時ハ主上下地
御辛櫃二合又五合大刀契鈴等也
即位最前供物擇吉日之由他有舊記
觸穢之時恒例供物先例不同歟
寛治八年陽明門院崩之時無沙汰有内
侍所御供二月一日也去之年内大臣穢及禁中

時供之今度諸社祭雖延准彼例有供物
但又被止尤有例可在時議事歟
賢所御衣上古被奉自中古絶周防内侍
曰安御装束也但只ハ夏生衣冬綃ヲ被（祖父秋亡）
奉也（従二位親子ハ始奉ハ／夏義羅麻女装束也）

一大刀契
逢房記頭實云餝釼三尺或二尺惣十

（6オ）

其中一剱脊有銘北斗左青龍右白虎
其外ハ不見是自百済所被渡二剱之一也
日月護身之剱三公闘戦之剱也但節刀
可有此外注青龍之条似六典所載之傳
府若遣大将軍之時可用歟
遍僚曰長徳鴨連量之説以之為大刀注房
日長徳連量不見也已上鈴印同記

後寳遐後日件鈴太有興物也或六角或
八角云々已上上古ハ女納言ハ伺見之云々
又節刀鎰ハ天暦帝付寳剣帯而不離
御身云々誠我國至極寳物者也

一寳剣神璽
御剣者神代有三剣其一也子細雖多不能
注其後為寳物傳来而壽永入海紛失

後院御時以後廿余年不被用清涼殿
御劔例以璽為先而兼元譲位時有夢
想自件時進之已来又唯寳劔以劔為先
也此劔普通蒔繪也
神璽自神代于今不替壽永自海底求出
上以青色絹裹之以紫糸結之如網内侍
猶々間下緒指入程緩

是二ハ夜御殿御帳中御枕二階上裹覆
匡房記此等謂之云々
赤色打物自内蔵寮進之
内侍雖持之自不取之典侍取之伝譲位
時許直取之
此故僧女又上臈内侍外人不入夜御殿白地
業朝餉之時同不近候
九重輕服人不觸手月障内侍有闕如時

或持之不可然事也内侍近衛将外更不
觸手也
自神代如見我セヨト被誓置尤可敬事也
昔中ニハ鏡一程物動揺之不傾人
匡房曰不浄人不觸手他行之時以内侍
令守護
又夜御殿火不可消是為釼璽也
已上江記

抑壺切ハ代々東宮寳物也又時々在云家
延喜以廿将《三条右大臣》定方被渡東宮是始歟（東宮給禄一重）

一　玄上

累代寳物也置中殿御厨子根源様ハ不
知之掃部頭貞敏渡唐之時所渡琵琶
二面其ハ一歟紫檀直甲也太宋人云紫檀ハ
大限不可過六七寸直甲条ハ不信之但此

甲非只物紫檀凡此琵琶也云昨三声不
可説未曾有物也為霊物人為跡之時
有貴人如何ニ跡ニハするそと云入人夢
皆着直衣人也霊物中ニモ超他以不浄
手不可取昔ハ無雲後自追従有落有
弁是　紫唐綾無文也　此琵琶霊験
内裏焼亡之時飛出撥面文消所々有

赤色不知其繪代々賞翫説未決
條廣云良道云琵琶稱之玄上被撥面文
不可違彼ハ唐人形也或云玄象
昔青鋒之水所謂号玄象又玄上
宰相獻延喜帝仍号玄上両説也但
妙音院入道付玄上説歟

一鈴鹿

（10オ）

与玄上同累代寶物也但多年御神樂
方人用之子細不及玄上〻〻弾琵琶之人
以弾之為難此等頸有無頸未決
其實

一　竈神

行幸他所之時中納言已下供奉尤可爲
靈物女房不忌之男ハ　主上外不沐浴也

四五不破但指合用之丕奇説物也

一　清涼殿

五間　北一間母屋為御路次御帳間第三間大床子西奥有御厨子第五四季御屏風　母屋ニ有日記御厨子

帳　四面有几帳　帷夏ハ生以胡粉畫華鳥　鶴云　冬ハ朽木形

疊三帖繧繝御座敷東上西柱角鏡東向濱床如恒

師子狛犬　在帳前南以左師子

平敷　疊二帖繧繝南上中央茵一枚中居綾　端錦　裏新

御劒在御座南端　鞘東末西

御硯筥御座南板敷ニ置自中央南方　瓦硯在筆墨云

三尺几帳ハ御座北ミ柱ニ立斜立之西面也　長八尺面繪張海賦

大床子三脚 敷高麗非畳端シ畳ノ如廿二三尺ノ有表裏
円座一 脇息一或二又一為善 南ニ蒔絵御厨子二脚
黒漆
日記御厨子二脚 近代不納二代御記只ハ雑文書等及
女嫁坏楢油不可説事也
同
置物御厨子二脚 言上中 鈴鹿下
笛葉二蒔海部 小水龍又笛二狛太柏子五
石灰壇 四季御屏風三尺南ヨリ一間母屋御簾下ハ東角
此御屏風内ニ陪膳円座障子皆唐絵本文也又燈楼
孫廂 板敷北ニ有荒海障子南方手長足長必画宇治網代
布障子墨絵也二間ヲ上御局ノ際ニ立昆明池障子
同院八ニ在上御局御荒海障子ニ副テ二尺許ニシテ為路云々
南昆明池北嵯峨野小鷹狩 南切妻ニ有鳴板 是見参板不打付也
年中行事障子 向上戸立之 春東方也
人一人路通シテ並テ立之云々

(11ウ)

殿上
六間　上戸有小蔀　主上覧殿上所也御物忌時下之
倚子覆ハ出納且暮奉仕之　懸棹
奏杖　在上戸 盛　和琴　置北長押　台盤三脚　切台盤 大臣
火櫃二　自四月至十月撤之　囲碁弾碁盤在大盤所　近代ハ巻之 不置長
不置之　簡　在袋　朱辛櫃　横敷前在硯　木工寮進之 白地 檜二寸置瓦硯
春冬ハ有壁幕　夕陽之時下鈎蔀

（12オ）

揷敷坤角柱ニ付蘇芳褁竹釼テ召ニ舎人
之時蔵人付之是自　二條院御時事也
始用馬寮指縄近代為例
神仙門東三間西三間也　小板敷西有棹間
小庭　時簡　膳棚　燈楼
下侍
三間　有炭櫃四面敷畳号侍臣乱遊所也如折松焼之
或又酒宴等於此所行之清談人近代不着之

渡殿

二行各二疊敷黄端公卿在殿上之日不論花族諸人又着之不然之時可並之人不着之北ニ副高欄立布障子二間(立柱テ打付)畫打毬向下戸播ニ女官戸ヨリ路ヲ通テ立障子(馬形等波袮馬也)其西閑二間有遣戸其下一間籠テ下女居住如手水物置燒火置水自中古事也

(13オ)

馬道戸侍臣已下參所也
鬼間
二間以南也南間ハ常不上有石灰壇巻之
其西南小行ニ立御厨子置御膳具
南壁百澤王切鬼繪 櫛破者小障子
際柱ヲ更テ有二
臺盤所

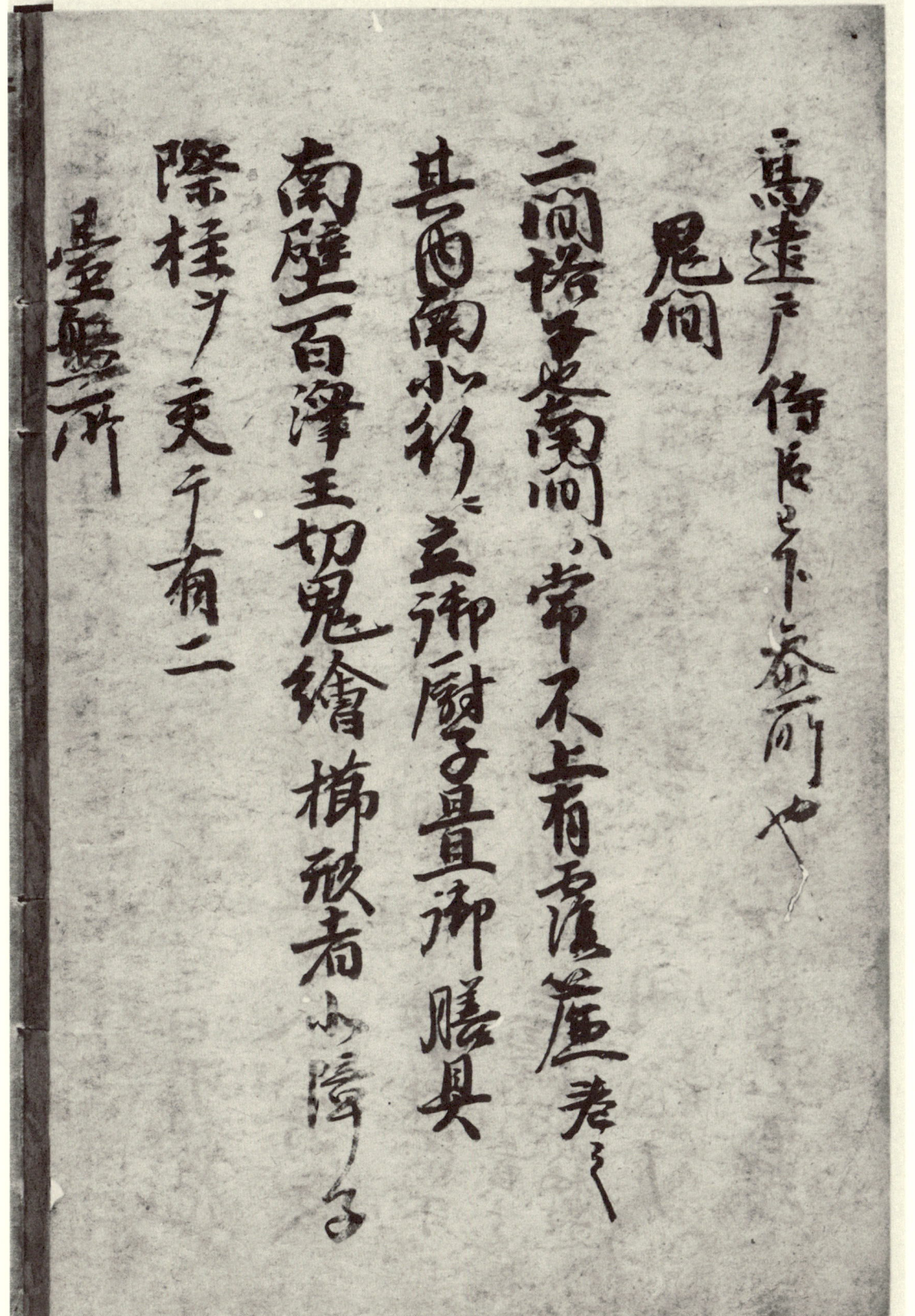

三間小間朝餉向敷黄ハ端畳東ニ倚子其南
女房簡入袋章横ハ朱漆也棊盤上有御膳
棚二階櫃火櫃一囲碁弾棊器同殿上中間
棊盤東ニ黒漆厨子上ニ置草子ホ其南
立馬形障子鬼間方奥一間ヲ当テ也
畳ハ中并南間紫端長押下二間畳ハ
渡廊ノハ龍也南ニハ在格子二間北ハ

遣戸一間蔀一間上（常不）二間際副北ニ（立之）
馬形障子西ハ布障子其外ハ弓切塵テ
一間懸遣戸御塵二也
抑台盤所ハ東北障子到鬼間キハ垂簾也
朝餉
二間南平敷二枚立東北ニ立屏風絹屏風（夜御殿方ニ有副障子）
屏風外ニ並御調度二階一（押錦）唐櫛笥一

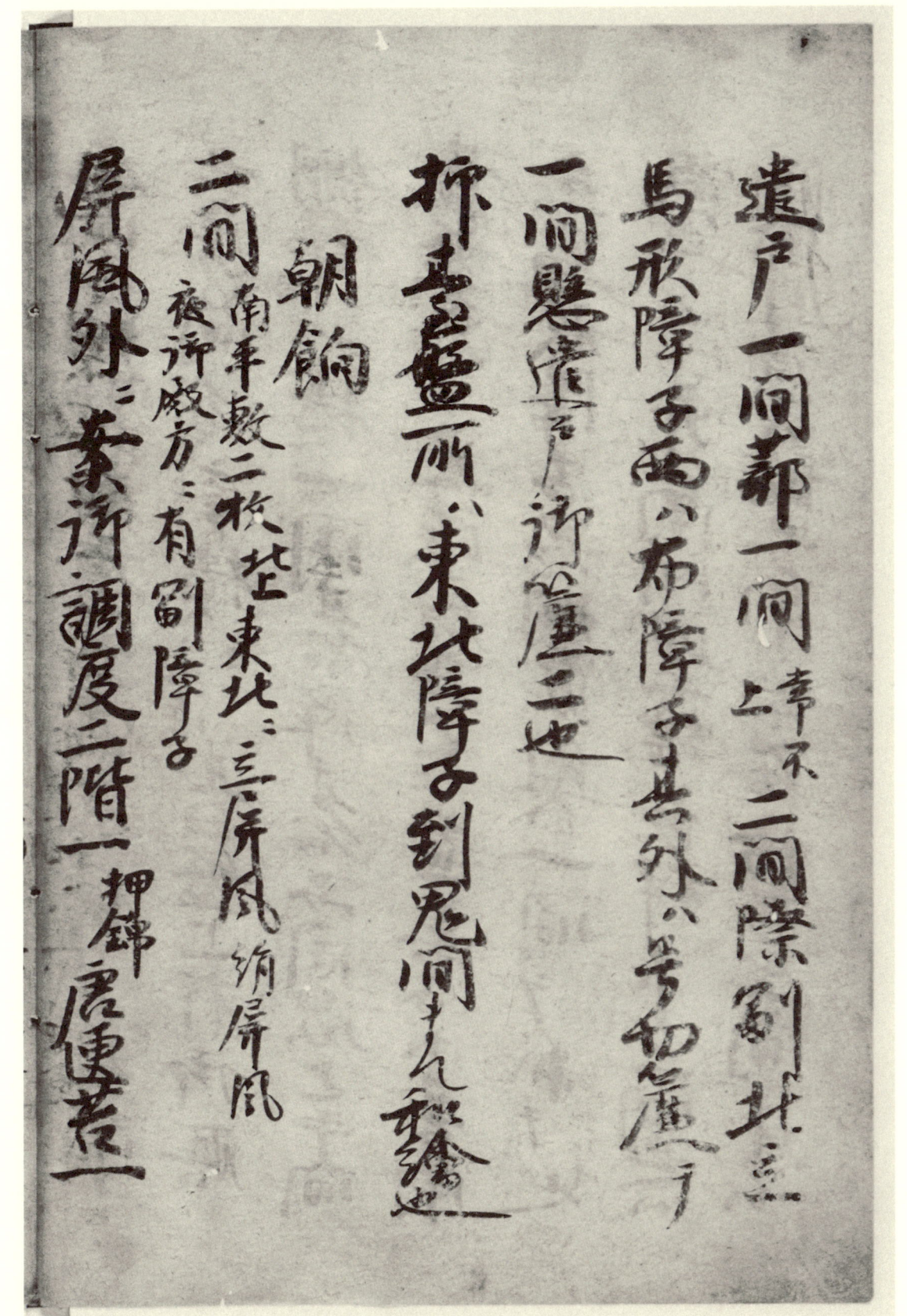

硯筥螺鈿厨子二脚〈非螺鈿ハ近代蒔繪／以檜薄押〉冠筥〈一ハ／在御〉

二階置手拭筥厨筥几帳一大床子二

手水間火櫃ハ春冬之許也〈四火櫃也／廻畫和繪〉

臺盤一所二方障子和繪御手水間方畫猫

畫猫事

後涼殿布障子如後涼殿無土居〈立小柱打付有／用之時撤之〉

如五節之扇既近代引馬繪也是僻事也
宗忠云記打毬騎馬唐人之由也

凡御調度不近代蒔繪〈白〉又以白薄

（15オ）

押臺繪是無其謂文ニハ枉時議
堀河院御時蒔桐黄蒔花
置ハ子角ニ立馬形障子
御手水間
一間南朝餉ノ方爲中ニ立置物厨子其北ニ立大床子上在円座
主上不向西事
凡主上御座不可向西之由在江記御手水ハ

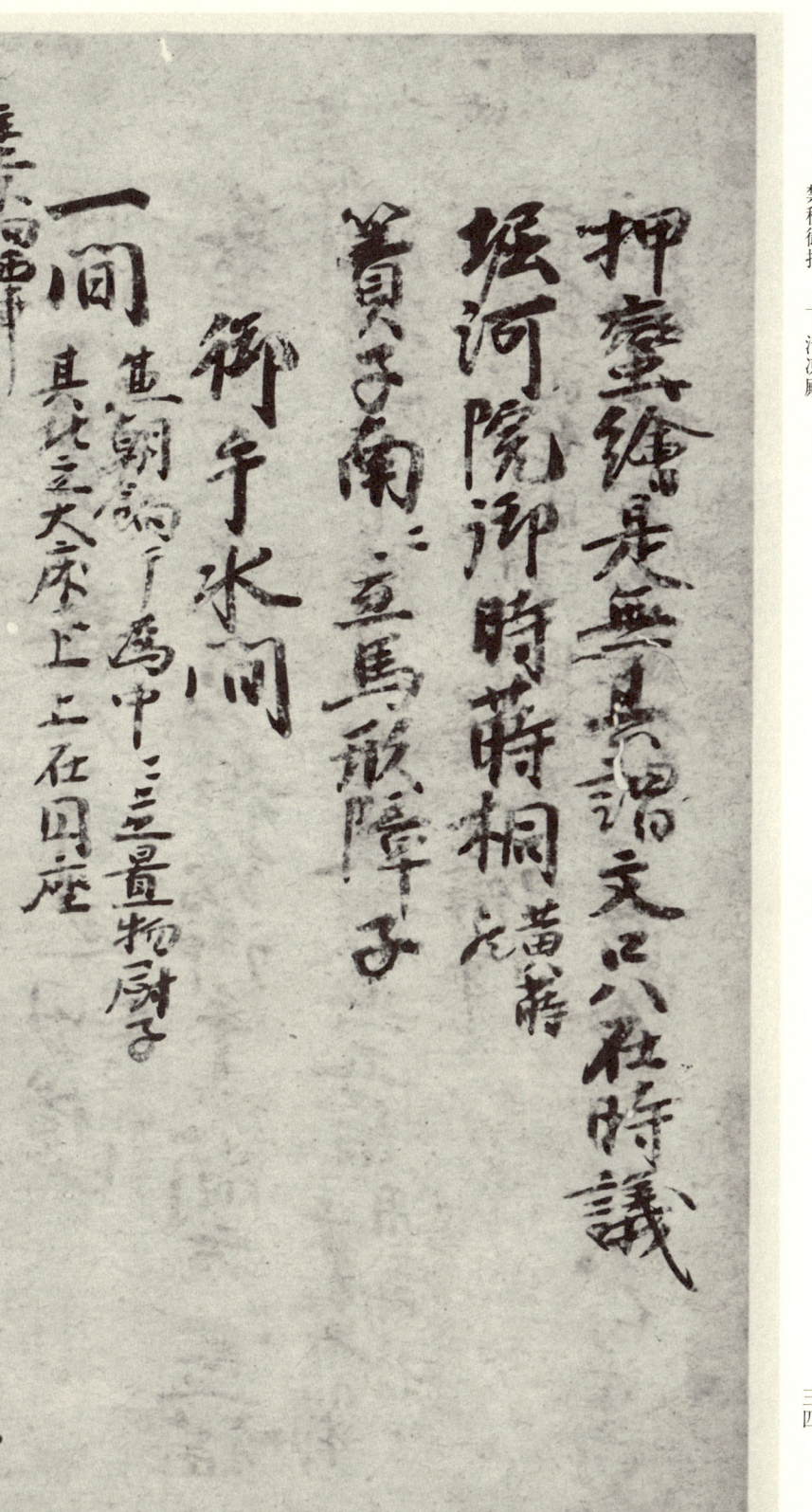

堀河院
嘉保行幸院相撲御覧ヲ畳御座東是
不可西向心也向西ト云角廿三可着座也

夜御殿

四方有妻戸角ハ大妻戸一間也
帳同清涼殿東枕畳御座敷也
御剱璽案事
御枕有二階厨子案御剱神璽皆有承塵蘿廿方也御剱東南
帳四角ニ有燈楼

又帳南西北敷疊為女房座
上御局 号藤壷上御局
后女御更衣参上所也　近代為御所
萩戸
又常御所也
上御局 号弘徽殿上御局
是御行ナト有所也女御更衣可参上

二間

敷疊二帖北間向妻戸敷阿闍梨座半帖一

南間ハ如御讀經之時懸御本尊寄障子也

一 南殿

御帳如恒 立几帳有師子狛犬 立倚子

北障子賢聖障子 賢聖畫之〃上色紙形 近代不書本文被書銘

障子二裏行事 北脇障子裏方畫唐花御帳間戸ノ二畫師子狛犬障子上

賢聖障子裏 此 畫屑書之龜本文心障子ニ广ニ也

（17オ）

帳外南面母屋庇狛無物・
南格子ハ常ハ下上額間但又皆上常
事也此子細不審事也推之只夜ハ下
晝ハ上歟
御拜之時ハ上額間与南〔東イ〕第一間也
御後ハ節會日ハ下只時ハ万人着沓
往反節會日ハ人不着沓不往反

九　主上渡御南殿之時非職侍臣候
非職侍臣不入御後事
暗燭留西妻戸下不入御後也
常御所殿ハ随時不定但清涼殿本也
或集飛香舎為御所
后女御飛香舎弘徽殿已下皆有例
東宮后宮同殿事
東宮弘徽殿后宮同殿例凝華舎昭陽舎等也
執柄昭陽舎或以飛香舎有例

一　草木

南殿櫻　在紫宸殿巽角

是大略自草創樹也貞観比樹枯自根繞萠坂上瀧守奉勅守之枝葉盛其後延喜御記云々群列櫻樹東頭有天徳《村上》焼失為煨燼後康保元《二イ》年十二月被栽則枯十一月又被栽有花宴

両度之間一ハ重明親王家樹一ハ自西
京移栽之其後度々焼失毎度栽之
近ノ樹ハ堀川院御宇已来木也

同橘

遷都已前人家橘也
康保二年四月廿日仰左右近府被移
中殿東庭竹臺二

同萩戸萩

不限萩色々秋花皆被栽之

同梅 在瀧口南砌

天徳四年十二月十八日栽紅梅於中殿艮角

康保二年十二月廿五《九イ》日御記曰式部輔直幹

献梅一株即栽仁壽殿東北廷以前日

所栽小紅梅移栽清涼殿東北庭

此梅去月四日所栽　仁寿殿木也

仁寿殿艮角梅　自延喜御時有之又天暦御時被栽直敦家梅也

藤壺　藤懸松于木上古非松松于紀近来殊勝物也

梅壺　西ハ白梅東ハ紅梅之由在清苭言記

梨壺　東方在之

桐壺　桐近年不見但萁ハ蔵之間毎遊有桐

御溝　近日東庭溝浅但繁流上古ハ或風流之由也流非一勝且石立石木有難砌也

已上当時如昔無変此外所々草樹多々

前栽

清涼殿東庭并同西庭　朝餉并台盤所前　藤

壺也　延長元年左右衛門栽草架

松

延喜栽菊於東庭并仁寿殿東庭

村上 應和二年栽東庭　又栽瀧口廊前
又綾綺殿小廊南殿 庭歟 文範進之

梅

綾綺殿前　村上 應和二年蔵人所雑色末栽
紅梅於昭陽舎南庭
又栽東庭　右馬頭有年家梅

櫻

萩壺事

常寧殿有此樹　延喜有花宴

應和栽東庭　掃部久高臣家　又栽和徳門内

栟《ヘイ》《イ》

椶櫚《リヨ》

延喜五年栽東庭

清涼殿前有此樹而枯了尋舊跡被

栽是貞観親王家樹也　又應和被栽中殿前

凡植草樹自親王已下家移常事也

左右衛門府近衆（来イ）衆之植或又随便宜進
草木之人植之前栽者昔瀧口衆之植
萩ハ戸ノ萩云々草ハ無沙汰有根樹ハ忌方角
但上古無沙汰如何　菊合前栽合時溲（植イ）之
東庭竹臺近代木工寮ハ役也天徳内裏
寮作呉竹架云々
凡清涼殿及瀧口透垣等皆木工寮役

（22オ）

他殿舎修理職役也内匠寮ハ近代ハ如
障子破損許奉仕歟昔与今異

一　恒例毎日次第
早旦供御湯　主殿官人奉行之　近代多ハ経允五位也
釜殿運湯須麻志女官二人取傳藏人
為鳴弦假戸外　内侍申具之由御舩一
桶二内侍候御垢典侍或上臈女房進御湯帷
奉河薬　當内侍取河薬器枹板二時
藏人鳴弦主殿官人稱名　主殿助藏人之時或稱名官人不候時事也

(23オ)

湯巻之事

是毎日毎度事也（廢務之時 不稱名）

凡禁中着湯巻上臈一人内侍一人也

是依御浴殿故也近代上臈中准此役

多〻着之不可例但廿〻ハ穢〻

次於御手水間大床子理御髪着御

引直衣（自四月一日至九月晦日夏也 自十月一日至三月晦日冬也）生袴也

次供御手水次經朝餉自清涼殿帳北

着石灰壇　内侍留数大刷子因在於石灰
壇南間中央立廻四季御屛風　敷御座　或不敷
典侍献御笏　或不献
主上正御心着御　巽向神之方内侍以下
御祈禱　精イ　寛平御記社々多々御祈禱之由
有所見　八幡賀茂等殊神也
御拝事
御物忌之時敷御座　觸穢之時猶有御
拝之由見延喜御記文　後冷泉院御時

（24オ）

猶為　後三條院御日觸穢之時雖被申
事由不可有御拜之由此儀誠不可然事也
事畢左廻還本所
毎日御拜ハ夜半後也一切不淨朝餉
已重輕服等人不參云佛經以下許也
御膳以後ハ常事也若魚味供ハ上云
非云淨

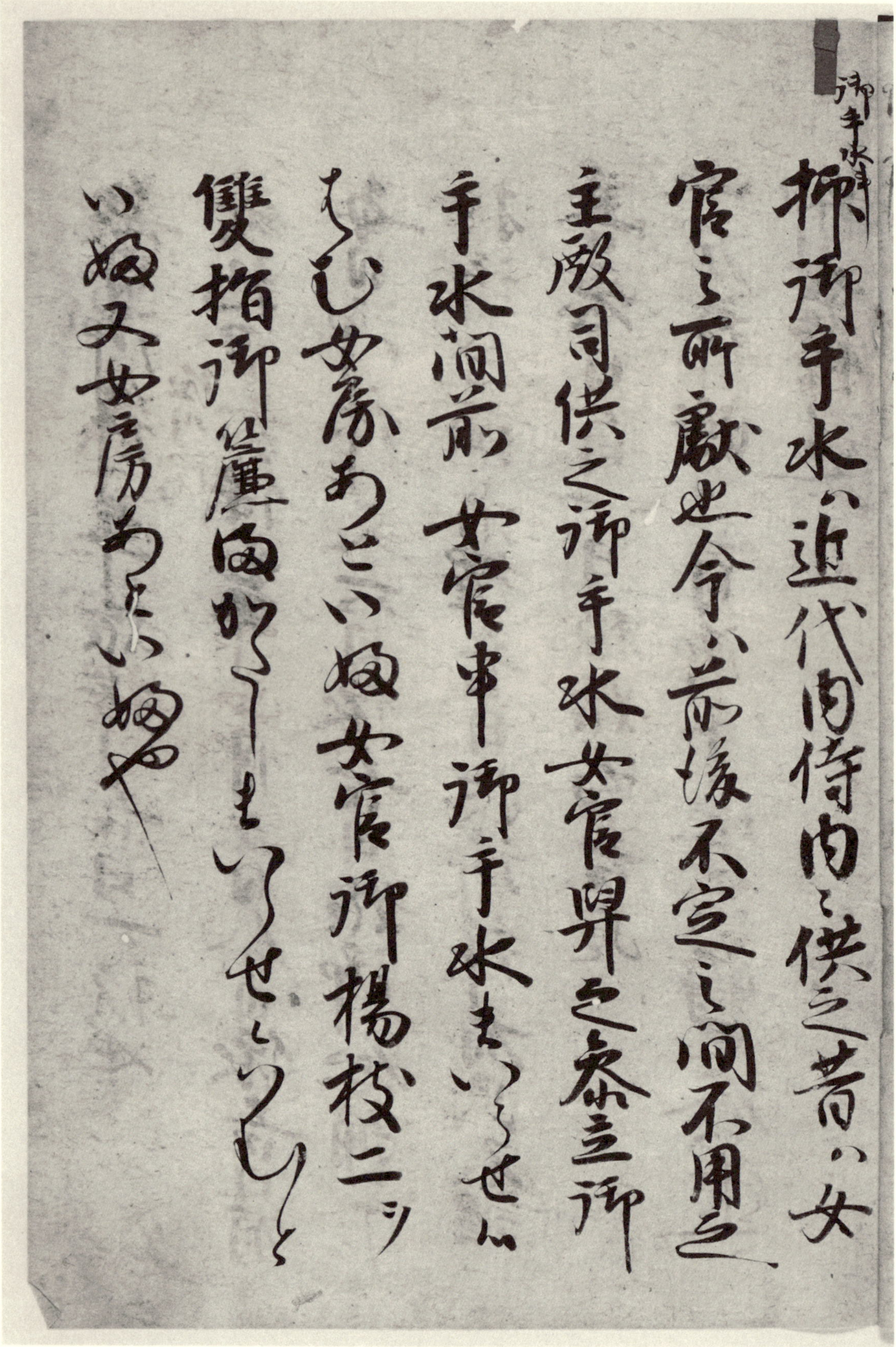

御手水事

御手水ハ近代内侍内々供之昔ハ女
官之所献也今ハ前縁不定之間不用之
主殿司供之御手水女官昇之参立御
手水間前　女官申御手水まいらせん
もし女房あないいぬ女官御楊枝二ツ
雙指御盥歯かゝまいらせてせくつしと
いぬ又女房あないいぬや

(25オ)

毎日御拜年始擇吉日一度也
或記曰嘉保（堀川院）二年正月五日今日依吉日有
毎日御拜又六日依吉日始御念誦年
於御念誦者擇吉日於御拜者只不謂
善悪日自一日被始為吉事
四方拜時も有御手水只遵思食遣
神宮ニ方也

召侍讀事
寛平小式巳時召侍讀次御膳也
遺誡朝膳巳時也只如ク清淳處記未時召ゝ
只如此事可在御意御學問殊沙汰ゝ
時更不可及時剋沙汰事也侍讀候
朝餉中間緣　主上卷御簾有誦習
朝夕御膳事　在奥

（26オ）

殿上臺盤侍臣已下行之上古以着小
臺盤用土器近代不然達原記之趣
猶希有也云々
主上着倚子御覧上臺盤近代絶了
是時主殿司退蔵人居物也倚子寄
是臺盤上程凡出御殿上作法也
又着倚子召侍臣於小板敷今見用所

上古例也

日没以後事

先挑燈自御浴殿方進之内侍取之

夜御殿火不消事

供夜御殿四方 其後供所々常燈 女房役之

夜深蔵人自南妻戸奉仕指油御殿火

不可消々近代消之

清涼殿以下格子蔵人奉仕之

近代女嬬不候之

(27オ)

台盤所ハ御格子女官候之、朝餉ハ女房
候之、里内ハ随便宜蔵人候之、

毎日御被事

主上着御〻衣、入（夜イ）之、蔵人給之於高遣戸
傳所衆（蔵人號所衆作之也）返上時蔵人奉之、

近衛夜行事

此事近代太略、如云時〻奉仕之、

問籍事

瀧口於北陣申之參御湯殿北次於
殿上口申之有公事之時不可申

奏時事

上古随陰陽寮漏剋奏之近代指計
藏人仰之丑剋已後為明日分

御修法御加持

（28オ）

蔵人供燈楼阿闍梨着座　伴僧着端畳
無別作法
一　毎月事　公事外
一日賢所供神物召刀自給之又内侍為
勅使参
人形事
七瀬御祓陰陽師進人形　入折櫃有蓋　書其所并名　女房
令着色々絹　自内蔵寮召之　近代於碁盤上着之

尤無謂但近代女房不食物之間清浄
臺盤歟雖無不可無席ノ上ニ可敷如
供御白地不〔毋イ〕案内人置之以外事也次
主上懸御氣撫身返入折櫃置臺盤
所西御簾下侍臣各取之向河原代
厄具之陰寮之攘　主上〻着御　衣
諸陣月奏

（29オ）

御覧之外云稀御作法（毎月蔵人奉之）

一御膳事

凡御膳ハ大床子御膳（朝夕近代一度供之）朝餉（晝御膳ハ巳未剋朝餉御膳ハ午酉各一剋裏書）御膳（庭侍供之）朝夕皆一度供之此御膳等供主上不着又只ハ御膳三度是只ハ女房サハカリ取之只ハ内々稱小供御之乳母（又）沙汰供御三度所着也大床子御膳ニ（天）

時之如可有着御其作法
藏人参御膳之時御直衣ニテ自帳後着
大床子懸膝着之東向陪膳人警蹕昔ハ
正食之近代ハ只ハ立箸許也取左波立箸陪
膳取其御箸又立御箸ナ折テ出也着御之
時ハ二其盤物陪膳自居之不出之時ハ
藏人居之立箸後經本路還本所之出御

（30オ）

時ハ内侍於北障子鳴扇三度初ハ静後ニハ早鳴之當時陪膳人撤之

役送ハ四位五位六位随候出代漸絶

陪膳ヨリ上﨟四位候役送常事也

又公卿候陪膳上古ハ常候也直衣常事也

高倉院御時中山太政入道常候也其後宿衣人不候殿上事

絶了御膳時宿衣人不候殿上是旧記

謗也但殺桃無障又陪讀人隠之云々
朝餉ハ上臈女房（典侍或只隠色也）候朝餉南端中
臈（内侍或小上臈）候障子外取傳下臈也又傳之
（中臈下臈）得選又傳之刀自持參御膳近代
無何従女進房記御膳時刀自持御膳
従女鬼間云々候鬼間無障近代自其盤
所御匣殿入尤不便之由関白（家實）被稱之云々

朝餉ハ女房皆上臈三位已上ハ釵子許也
暑氣比凡聴不上臈
主上近代不着御〻〻時ハ引懸御直衣
於朝餉御座供之
供御ハ四六府供御先例不置御膳棚後
付御厨子所近代只ハ直付御厨子所
禁野交野ハ鳥同之　鷹飼舎人

天御乳母許持僧奉供御々侍読成進之
細々之膳不可進又々諸寺執行諸社者
なとも付折節如五色奉ハ例也
朝餉御膳女房不候時公卿或四位侍臣
為陪膳恒例也　堀川院御時多在此例
内々御陪膳以蔵人頭なとハ殊々侍臣も
殊可然近臣なとハ勤之朝夕時々申時々尚

寛平遺誡也但二度供之間近代晝未時夕入夜朝如菓子ノ如ク一献内侍所ヨリハ置御膳棚不限菓子万物同之又食物如キハ殿上置臺盤上人々食之也

一　御装束事

御冠毎月為納殿沙汰御冠師獻之蔵人職柳莒持参濫時又被召依仰

秦之角上施ニ貢完以羅ノ寒也薄額也
然而暑天更不叶只ハ半額也半額トハ
厚額ニハアラス又透額ニモアラス又也御冠ハ
白地ニモ不御跡方 在江記 中紙ハ以檀
紙用之

御搔撫事

御搔撫ハ無何人不奉仕由ハ侍カ聴色
上ニ腐也云御又不然何事試奉仕

御本鳥事
御本鳥ハ紫糸也本鳥ヲトリテサキヲ
二ニ結分也是非臣下作法常儀依違一
略之時ハ又只ハ有之非揮可然之時ハ必
可結分尋常ニ三ニ結分也
奉幣発遣時帛御紫糸也御冠巾子常
之文也或冠ハ被通用只ハ時又自他所
行幸之時亦大口ハ不改他ハ清帛御紫糸　名

一説也尋常黄櫨染文竹鳳半臂下襲等
衣〈略之常事也〉袙〈音通〉單表袴〈着〉靴也大口也袙ハ二
常事也二ハ本也半臂黒下襲ハ打裏
背文小葵襪無文帯ニハ尋常有文玉夏ハ
張單半臂下襲上下ソ列〈別ヨ〉ニ不見事
主上ハ不可然
青色〈黄櫨〉文ハ同臨時祭庭座賭弓弓場始等

(34オ)

被用之又朝覲行幸還御之時或被用之
引直衣ハ有帯昔ハ只引給或一説也近代用帯
前ツ普通直衣ノサ短袖着也
直衣冬ハ小葵櫻裏夏ハ單文如臣下
冬ハ小葵白二衣有單紅打衣張袴
晴儀生袴女房腰ツ引廻テ前右方ニ
結テ末ツ股立ニ入夏ハ紅引ヘきニ表

單重也皆略時不用打衣引ヘキ常
御着御練白二衣赤生袴也与近代
小袖ニ用赤大口建久以後事也又自同
比直衣ヲ引上テ如只人ニテ着大口否
為例先少袖又無文也用綾羅無憚
建久已後時々如此可出事也志々良練貫ハ
無憚袴モ織生無忌

（35オ）

御宿衣紅（文立涌雲）又白無文ネリヌキシヽラ
常事也不用生宿衣
湯帷ハ如常内蔵寮所進近代天下
軽微也但天位者御物以踈為寿
内蔵寮臨（眠イ）時可召（本无此字）人先調進御服有例
（堀川院）寛治殷長也御匣殿候御之間如此尋常云
毎月二夜小宿衣褂事ヽ直ヽ衣ハ

四月十月四月束帯同之臨時祭使
給新進之其外ハ随別仰人々
元服之時給此装束事
元服ハ時中此装束半臂ハ襲表
袴也加冠一人直衣許常事也其
冠一指貫ハ不具　主上五節帳臺
一夜着御也但又被具指貫有例也
御装束奉仕ハ公卿中定其人一両人

（36オ）

若不参者侍臣中召之、六位帯ゝゝ
不可参之ゝ如引直衣ハ女房参ゝ
其てし曲へ侍らぬ也
無何蔵人者不給御衣 家保祗参給周防内侍遣之顕季亭也云々 依讓位堀河院御記文
其時記家保ハ神妙之無何人不進給云々

一 神事次第
二月晦日祈年祭 前摂政白河院御作也 此祝自一日不用代

二季祈年穀奉幣 前後斎 [illegible]為廿二社 供魚味

二季月次神今食 自一日至十一日也 十一日朝解斎 仍自一日僧尼重服人不参 但其行幸之時ハ真実御身潔斎ハ自十日也 中和院法同之

九月例幣 前後斎

十一月中卯新嘗祭 自一日至辰日 辰日解斎 神事様同神今食 但其例五節之間也 寅日或軽服人参無憚不可奉事歟 為行幸之時殊可有潔斎也

十一月内侍所御神楽 当日神事 是小祀神事也

（37オ）

已上伊勢事也僧尼重軽服并仏経
憚之神今食例幣新嘗会已上四ヶ度
神事也一両度ハ有行幸可被調其
儀庭陰 臨幸實非民態
二寿殿観音被渡貞観殿或如真言
貞観殿観音所仁寿
院僧尼進物不供御膳
女房月障凡ハ自始憚七日但潔斎

穢雖不満七日参御所殊清僕ハ
可有用意也
宍食已下事
宍食蒜産此三事非深忌但近代
卅日如式ハ七日也蒜ハ無忌
群行已下事
公卿勅使斎宮群行殊神事也
止音奏警蹕但堀川院御時間々
有出御又不憚作文云々由在旧記

但神事日如此事無詮事也
妊者ハ五月以後忌之或三月已後同
夫ハ當月猶不忌不入内院許也
歳下食沐浴不忌是白川院御記不憚之云々
六種忌不争長不問病不食完不
作楽不判刑殺不決罰又不預穢
悪穢ハ穢悪ハ佛事也云々

臨時祭東遊御拝如勅使時指于

被申事古来有之寛治八年

伊勢事　不参拝給　時イ

有之

賀茂祭自一日神事有潔斎年自九日或頭雖在

潔斎自九日神事是も被用例也

神事様太略同神今食但自一日頭為神事

御身躰神事ハ自中日也是故無精進

精

奥

八幡賀茂臨時祭二季平野祭祇園臨時祭

奥

精イ

冬日吉祭

已上小祀当日神事也時有御潔斎有御

拝臨時祭ハ為還立也

（39オ）

二季春日大原野松尾吉田梅宮園韓神祭
又八檣イ月放生會皆有男女使已上當日神事也
精進ハ可依社春日使三日神事也
但當日ニて
可神事也
大神廣瀬龍田等祭ハ使立日神事也
神事解皆同之又使不立諸社祭ハ
非強神事
元日四方拝　自前夜潔斎

二季御燈　三九月三日近代由穢也
自一日精進不供魚味僧尼服者同他
神事御禊後ハ供魚味淨人參
已上三度御精進子細大略同神事

一　臨時神事
於東庭有御拜是同公卿勅使時伊勢
遷宮等時又隨止叡慮臨時御拜或

（40オ）

三日五日なと皆有例

御物忌時も敬神無憚於東遊有御

拝也且寛治六年伊勢假殿遷宮庭

雖為御物忌於東遊有御拝

一　佛事次第

天子者専以正法為務是則佛教興隆也

恒例佛事諸寺破壊可有殊沙汰其上

自御行ハ可在叡慮堀川院御時擲万事
二間観三尊
習真言二間御佛供養連々燒白川院御時
於禁中被行千日講上古もゝ清和天皇
殊帰心朝暮有御行其外代々聖主
雖有事々淺深皆有御行也
者イ
但神事日々不可有其儀御祈會二季
御讀經仁王會最勝講佛名等雖有
後

（41オ）

其儀甚新（本ノ　其新云足　不イ）云々近代御讀經僅遺下如
緇侶取其首（本ノ）是非善事罪業也如無遊決
能々可有事尤殊御願日々可有御精進
凡六斎日十八日御本命日ハ必可御精進他
所善事等又同不可有懈怠所作事ハ
可随御意事也但旦暮持念珠念佛
なとハ不可然事也真言法華經等外

殊御用御経等ハ必可有誦習御師ハ
御持僧中可選其人事也　堀河院御時
唯識論誦習御師永縁欲召匡房難
申之雖大才猶浄行人可為御師之由申

一　可遠凡賤事
天子者殊可被慎御身躬是雖盡筆
端事也

假令供御陪膳ハ禁色女房又其ハ侍不論善悪但三位前典侍なとの非高職類ハ無術着禁色雖参不可及御陪膳公卿蔵人頭ハ無憚四位侍臣ハ昼御膳参上ハ雖無憚可選其人無術不可用南殿之儀采女雖為陪膳ハ時不可用之同事也乱遊之時なとハ如陽無術進事也

（42ウ）

近代有名无実不然平時ハ甚々如此事
可止家嗣宣経等ハ皆假陰陽師有
何事乎於安芸房者典侍ニ不及事
一度モ不触之 僧与取御釼准陰陽師事
御持僧ハ聴之頗但近代無其儀甚し
貴種人ハ可触矣 鳥羽院御時行尊僧
夙夜祗候定假御陰陽矣上時取

鈍色之類の事、内ニハ随其思有沙汰
歟、被謝申、御紫裏なとよりハ不可懸手
御衣ハ、白侍已上ハ触之、然為女房御紫裏ハ
同陪膳、但侍臣ハ触之、是も近来司なと也
六位蔵人不取御衣之由、在舊記、况於御
紫裏手為同之、有其儀可止之、
所衆瀧口下北面近衛假借之也、但御

口移御手移不可然　堀河院御時付
楽人於偏之便々由達房大難尤不可
凡卑賤輩
然事也凡卑限六位蔵人下臈女房遠
有藝者依其事近召事近代多
如猿楽奏舞之輩不可近事
如寛平遺誡不可然況如猿楽奏舞々
可近事也　村上御宇為平親王子
本ノマヽ
朋付布衣箪渡御所　延喜御時草中

上鞠者被召仁壽殿東庭如例雖多
不可有尋常事但楽人随才誡之
宿仕人甚モ可依事様舊記布衣者
入禁中云々雑色一人聴之宿仕人為
陰陽青侍一人誡之ゝ是不叶近代法
但前駈侍雑色ハ不入日月華門内近
代ニ如此為楽所者ハ女御后御方ニ

穏々文官ハ衣冠也殿上逍遥ニハ渡北
陣頭已下至于所衆瀧口間之瀧口ハ
勿論所衆ハ雖末代不参布衣／時々
下御庭上事如御拝之時云揮準之
建久已後数ヶ度有蹴鞠興ハ是嫉悔
其一也賢所ハ御之時有帯事也
付興遊凡卑殊不可無事見内々習記者ニ

（45オ）

主上為臣下事

白地ミ　主上為臣下　高倉院張晃ヲ
為主上不吉事ミ凡御身為臣下
大禁事也云左右近衛外見万人
能ミ不可然下﨟中ミ除在寛平遺
誡　但　幼主時如然事不能制申
但下﨟事如之ミ可有用意ミ若何疊ニ
御坐尤不可然近代ハ建久以後御被

赤大口常御皃也誠長中稀之一二
衣モ不相應也
堀川院御時まてハ泉殿ニ渡座楽船ハ
大井川ノ行幸用侍子然為舟中侍子
頗猶豫　鳥羽御楽船　堀川用平
數座侍子在御座邊近代ハ勿論也
内々御行歩人ニハ必不用晝御座御劔

（46オ）

内ゝ用他御銚子此作法是ハ非得名也
御草鞋六位奉仕皆有例非普通事

一　諸藝能事

第一御学問也不学則不明古道而能
政致太平貞観政要明文也寛平遺誡
雖不窮経史可誦習群書治要云ゝ
是被時不窮ハ末代之大才也　後二條

高倉雖大才天運不久　白河　鳥羽
後白河雖不堪皆例也近代万人稱之尤
好事也　白川　鳥羽モ非浅才尤如此例ハ
頗時事也只可為宗才識鴻才ニテハ
不堪トモ浅才尤見苦事也識者ハ
又勿論天下論礼時御失礼尤左道
事也　後三條白川殊有識也々

（47オ）

可習之
第二管絃延喜天暦已後大略不絶事也
必可通一曲円融一條吉例笛
代々御能也和琴天延喜天暦吉例
箏同琵琶雖無殊例可然事也笙
篳篥未聞笙ハ後三條院吹給篳
篥ハ不相應事也音曲ハ上古モ有例

堀川院内侍所御神楽時別ニ有此音曲鳥羽白河《於イ》催馬楽雖不窮其曲已晴御所作ノ又後白川院今様ハ云此類御事也何モ只可在御心笛ハ堀川鳥羽高倉後代々不絶事也但箏琵琶何必哉和歌自　光孝天皇未絶雖為綺語我國

（48オ）

習俗也好色之道幽玄之儀不可棄置
事歟
此外雑芸ハ有御好之芸雑芸御好
益雖事ハ詩情能書不同殊能也

一　御書事
天子御書惣不書御名雖文王不書
悉ゝ字但御忌ゝ仙院起延久代例間

恐々謹言ト書或文ニハ謹言也普通ニハ
只候也なとかゝせ絵（給イ）や　院（後鳥羽）御書如此
其外親王大臣已下御書ハ如此只公卿
侍臣なとハ有別儀進御書其ハ
中々無別作法御持僧又同后女御
已下於女房者無定子細勿論色折紙ハ
女房ハ多ハ薄様[illegible]ゝ礼紙也又礼紙ニ

（49オ）

遊事ト書事ハ憚ある事也只稍
サケテ可書也

一 御使事

依人依事有差別蔵人頭出来極臈
殿人六位蔵人常也又下臈瀧口亦雖
事也綱之事ハ殿人亦雖依事定
勅使ハ不可勝計在別記中品事

殿上侍依也又女使有之内々定事也
又臨時事仕此殿廬

一　被聴臺盤所之人

無何万人乱入尤不可然事也執柄人
并子息なとハ勿論其外ハ殊雖去
大臣納言之間毎三人ニテ可足也近代
無力子細面々之所望之間及数輩内乱又人ハ

必聴御外舅甥孫乳父子も一人なとハ

證院（後鳥羽）御時高能　新院（土御門）隆衡　当時

範朝類也　崇徳　後白川御時實行

兄弟不及左右　又　高倉時忠　院（後鳥羽）信清

当時範茂（範季子）なとも雖非彼不聴之

御師通人依召参仕也　侍読人候

兄同依召参常事也　院御時實教

為御笛師参依彼例近日宗輔孫々
其後々ハ又雖不可参入
八条右府并教家なとそ良平不能
依一向望聴之〳〵　近日聴人々
関白　八条左府（良輔）　右大臣　大将良平（殿御大将下）
教家其子家教實此人々云事寄云
其人不及左右頼實又勿論忠經公繼

（51オ）

公師経頼資信清以時権勢参入
定輔乳父範光資実兼光親有雅範朝
範茂時賢習然為淵々無極近院
時三条宗自不被聴尤可有秘蔵事也
院御時依御乳父并公経参入云々

一聴直衣事

聴人之々人ハ宣旨聴直衣且参ハ侍読

聴之不然人ハ可然人サヘ聴之也無節
帳臺御共人一向ニ上古ハ近臣也而近代
偏清華 崇徳御時實隆通季實行
實能一夜聴之准之 高倉院御時
時忠假帳臺御共ハ世人嘲之皆入会
外聴人々太政大臣公房 内大臣通 公経
家嗣假帳臺御共聴之天忠信為

（52オ）

上鞠衆之實氏泰通等之間聴之頼平
宰相之時無何聴上皇有御嫌悔無何人
宰相時ハ不聴　崇徳院御時宗能夙夜
奉公聴世人惜之忠頼直衣始着之
如何御乳父御侍読ハ猶聴之　頼範為長範時類也
聴昇殿近代不謂是非上古不輙許
猶有勅上古同侍臣昇殿中古あ乃なと

為其人見康保具平着袴日民部卿
奉仰ニ参議童直昇殿、民部卿傳宣
童直下殿、舞踏、仙院東宮同之
在衡《右大臣》中納言婚禮、昇殿、經《依イ》 親王参
上時也

一 近習事
万機被任
叡慮ハ如此事繁多也然ハ

（53オ）

如涯前殿上人中直衣許也只ハ夙夜侍臣ホ不可廢《度々》之《遠々》
付其能器御前事ハ不謂親疎只ハ旦暮
給上ナ作也　高倉院御時ハ近習猶不
上給又或末常也自　院御時以上給謂
近習也　高倉院御時通親通資泰通
隆房經仲也　院御時信清公經範光
也如此人頗濟〻也當代始或坊官若道等

御乳父之親知ニ済ゝ也自院皆被召
了四面時ハ雅清為家資雅宣経範経
等也又重長常俊又敦通宗平経長
ニ蹴鞠管絃友也雅清内ゝ外記許人
不審事等令尋世人難ゝ但ハ職事
被尋ハ式也内ゝ事ハ近習令尋古来
例也不知人難ゝ　堀川院御時

適宜子共ハ可補職事、亦時々抽撰傳奏
例多事也

一　御持僧事

於僧侶無雙清撰也、古ハ不過二三人、然而
加増及六七人、近代先俗姓後智行之間、
義嚴着僧事行粧着美服漸々尤為
朝家無由、只戒行相應、凡卑僧為君界

一乃東寺一長者又多僧夜居者天山寺各一人
為可修三壇不断御修法阿闍梨 不動 如意輪
其中験者為可加且募奉護身玉體也
寛平遺誡云本寺有制无然之其除
近代僧雖不召 禁中大畧忘本寺騁兒
最勝講ゝ時於持僧交證誠《講イ》僧廬外有
其例 所詮不可過五人若六人也及八九人尤

見苦近来ハ法親王多之間親昵難捨又
攝籙親知等尤貴種等多仍又真實
知法人大切也近ハ如吉水可然人也長其道
者尤希如何御持僧付一方人重事也
仍間及虚事但只入叙位除目尤不可然
事也大望不叶定腹立自兒召仕者
近代多元服後藏人申官位末代孫

此儀尤可有用意御持僧人数及建久
以後八九人尤不可然建久（元仁）末漸々如此
代末殊可慎事也且不依例建久東寺
成宝　辞
道尊　辞替
山　尊快親王　兼円
真性　円基
寺　道誉　尊任　良尊

一・御侍読事
紀伝御侍読能々可有清撰世々所
許明事也

（56オ）

東宮践祚御書始以前之云々勅使宣命草
御懺法御祭文様楊坊時學士得之又雖
非學士專一人侍之例也御書始後御侍
讀者二人也而三人又有例常事也及四人
雖有其例不甘心況仲章擧泰及五人
不可為例云々
明經　高倉院御時清原頼業依才能被

召世ノ人聴之但ハ於殿上仍立砌奉授
堀河院御学楽人清任奉授笛天暦御学
秀高例也但如此管絃地下御師近尤
無由同御学多忠方近方近（奉テ）（授イ）給神楽笛
是不令滌（絶イ）家之故也別儀歟
管絃ハ一條院ハ十二歳円融院被傳申
御笙大貳高遠為御師範其後近例

（57オ）

堀川院御笛 備中守 政長 鳥羽院笛 後白川
院 催馬楽資賢卿 令様遊女乙前 二條院琵琶 若 通能 高倉院
御笛 大納言 實國 院御笛 實教々々 予琵琶 定輔々々
御經師殊有清撰事也 堀川院御時
唯識論欲為永緣 遷之房雖為大才猶非
清淨ト思ヘリ上古殊有撰 後三明禪万人
聽之 堀川良意 寛治八年十月吉日於二間 已下准之

近院ニハ實文慶儒道也

一殿上人事　已御侍昇殿上古作之　雜記同作〻〻

昔十夜上日代之有沙汰猶雖叶事也

於末代更不可相應尤見苦有御志之

輩ハ雖下﨟可假近代之番預叶只非人

吉祥ニ可有沙汰死好犯族之輩自弓場

殿奏頗不居渡殿下侍是近日事也

（58オ）

中古モ随有時頗近代ニ様不似上古
不着具盤着ハ文人咲不可説也
天花殿人不入諸番モ近来殺入道頗頻
ゝ了但又経宗兵衛佐時人書如何云々
依烏帽事歟
非参議大弁職以下不入識納廿人ハ不入也
御自然可然人ハ不除ハ近代苦乃心也更

非殊之儀也

関白息勤仕雑役事

寛治之比関白息猶勤仕六位雑役火燒

衛重也于時師忠卿曰我侍臣之例

猶被免如此役況於親槐子職也難役ハ

初不然事歟

貫首五位蔵人之間一人ハ必可催　禁中是

舊記説也

（59オ）

近日侍臣為女房為見物如直垂参入
末代習中殊不思議也尤可為恥事歟
凡員数ハ廿五人其六位卅人見寛平遺誡非職ハ
小舎人在此外
近代臺殿上ハ帝代餝也上古公卿十五六
人時殿上人及百人貞観寛平比其数
近々及百人歟二人許廿尤無詮况歟上

役送近日無乏也、以八十人有何事哉、動院
御時百餘人、當時七十餘人也、
抑補所々別當、殿上所宛外云々、侍臣
補之、上古多頭仰藏人所、謂上古織部
司、雅楽寮別當之無侍臣也、或又云々也、
康保中納言伊尹為雅楽寮別當、又兼通
為天王寺別當、醍醐元興等寺猶補之也、

一 蔵人事　殿上小舎人蔵人　奉仕下知小舎人

員数五人中古六人常事七人有例　随不足　五位蔵人

臨時叙爵尤可然事也為侍臣息幼廿

ナトハサモアリロハ諸大夫子孫臨時爵尤

當事也凡望成業者多年被越人不

叙爵例也而近比ハ一二﨟（叙イ）留尤不可為例也

近代左道蔵人不済云々頗付識生涯

面目也何況一向屋中存蔑譲作法失礼只
可無笑ハ更不可有此趣事也
叙爵或月内或次月還昇先規纔有
而三年《寿永》時家光雅経二人也
蔵人ニ給御衣只ハ時被捨在ハ不及子細
初参之時了無《一イ》人子なれとも不給也
昔天暦御時雅材給装束ハ自内蔵寮《調進歟》

堀川院御時ハ又御乳父調之給是等ハ又
別事也
五節帳臺夜指貫淵酔日蔵人給着
有例事其ハ有何事
又初参時御前召非蔵人轉職事時
不召可然人子又弱冠者ナとハ庭参又
二日三日ニテ一両日候常事也成長凡卑

者ハ七日也然而氣色之天ハ五三六日三年若故障
召朝餉古蔵人一人具参之以内侍問事也
流例也又非朝餉随時召使所例也
高倉院御時常如此又
又新参者事未之不然者なとハ召朝餉
不然ハ付内侍出清涼殿希代例也
予家光時出之是高倉院御時資實之

（62オ）

例也召御前事非職同之非蔵人四人也
同之五人也六人有例未定事也　公卿
侍臣子外只自家直補蔵人並之諸院
宮蔵人判官代也凡補蔵人道有浅深

第一　公卿侍臣子　是不及左右
第二　非蔵人
第三　執柄勾当
第四　院蔵人并母儀蔵人　后六位等
第五　所雑色
第六　成業儒

第七　所〻蔵人所衆

凡補蔵人延喜天暦御記頭奉勅為大臣亭
仰之又召御前仰之或又被仰時内侍宣也
頭示下五位蔵人下知之小舎人向彼家也

一蔵人所雑色

本員数八人代〻皆補蔵人仍為子孫又
以諸大夫多人補之〻近代モ如之ハ相交

(63オ)

但多ハ良家子不可預傭子并不知父
物禁裡之恥辱也随為諸院宮家〔后〕
判官代蔵人不可着指貫ニハ狩袴也
束帯時持陪従現今是大道役也然付
職之無事恥思ハ非重代者一所為也更て
不可有労儀也上古上﨟ノ例之近代頗然
蔵人々々称出納平名簿

同衆
員廿人也又有官不可過一人煤拂日月蝕
席引役又諸御繁栄奉仕之時ハ縣殿
佛名ニ湯漬布衣上ハ童子廿人内廿ニ召仕テ
近代無量流例也
被給所ニ云役又上日ソモ給之也不役モハ、
関白直廬又鳥犬ホニ付テ不可過一両人

（64オ）

有官者候所臺三局倉院所康云也
蔵人所勘納下名纏傳之從着蔵人所者
衆来常付所衆人今付之居湯殿之
所衆人退放實也
一　滝口
員廿人無官宿官太略同所衆但白地ニモ
不昇殿為侍許間但御船之役公為滝口

也君存衣冠着作御下九條關白殊制
中但非難矣遠所　勅使等為役随仰奉仕
云々之様又栽草木抜雑役皆例也
云々召内舎人將書表進等補之　院宮
親王公卿侍臣等請奉申頭下知藏人
令仰出納召付若有試藏人一人於左近
的場試能射例也　天徳四年七人召加之

（65オ）

於弓場試時公卿侍臣等試之業吉
業ヲ生試事
御也凡業生試ニ於弓場試也
一　出納
三人是蔵人方一切奉行者也夜陰外不
衣冠又催御臺盤并事〻無先例
堀川院御時於鳥闘被召連猶不甘心
事也為出納六位上首内親王大臣なとゝ奉

中蔵人下知之名簿付学生明法生諸
国目なと補之

一　小舎人
六人近代及十二人歟此事更非言〔御イ〕語歟
一向頭蔵人計之如出納如鶏闘条事被
仰時例さしも不甘心近年万事陵遅
被おさ不見目近代好荒涼勤存之礼也

不可並清淳家、衛装束時頻好昇殿
希度〻、以蔵人追下了
近代無事也、六位之沙汰偏只出納小舎人沙汰
也、識雖為摩云者、追日潤屋躰也、着麁服
天望求財、志懸花懸、如殿上判官尤不似
其例、昔ハ多日《白丁》張装束也、着通衣冠
纔希、況着不審装束、追日事也、可止

小舎人召加蔵人下知者名簿召之可勘
御冠師ハ頭仰之給所別當ハ名望者
簿下給所一切皆可准之小舎人多補史生

一　地下者
有殿上者近代不見為侍臣子息未
昇殿之時蜜々参御右壁ハ別事也成人者
如近来司ハ雖不昇殿南殿邊へハ不憚

(67オ)

凡殿上許也不及侍臣 但令蔵人五位なとハ
白地ニモ不上御縁 高倉院御時仲国風
夜聲云着衣冠 近日モ琵琶引者時
如此是依興所之故也又侍事詩サヽ仮
御臺是及末代可多メ 院御所ニモサヽ
仮御所ニモサヽ仮陣直ヽ由見衣冠ニテ
敢雖非陰陽不甘吉例

不昇トイ

堀川院御時楽所石朝夕候御管絃御
遊之間也事恒事也一向ニ楽時許被召
有何事哉人子なとも明々小冠小童ホ
不可説業更モ中々無沙汰事也殿上ニテハ
参但南殿清涼殿ハ青参准上御膳
於便所可有御覧南殿ニハ人前駈侍
雑色不入事也可有制止也

（68オ）

一 醫師 道イ

侍醫ハ常近龍顔者也召小板敷於殿上
侍子奉等 天顔又召便宜所候簾中ヿ
取御腹例也 後冷泉院御時後通雅者類
極雖袍着紅梅直衣近代モ無子細参御
縁邊者也但不臨殿上方蔵人所如此者
座也然而蔵人所ニて頗遠ゝ間近参也

時成勤居渡殿末与侍臣物語是過分産 儀
也元三之外ハ着衣冠参也典薬頭六人
侍医外名誉者ハ別ニ被召若何末生
同生等不定ニ参

一　陰陽道

大略同但普通ニ不参御縁是ハ未常ニテ
参也近代軒廊外内ニ御卜ニ祗候人

（69オ）

所或使所有之但無殊事之時不召以下
在寛平遺言　行幸及所々外時之着身固
事不可為例只給御衣可奉仕身固也
凡如陰陽医道候蔵人所也
且元三御薬之時医道為蔵人所
康保四陰陽博士道光兼《かねて》蔵人所天暦陰
陽頭平野茂樹又為此蔵人付倫

一　凡僧

召請ハ不能子細又御修法伴僧外宿装
束無不入禁中如宿曜師對面女房之故
参房邊妻房縁之便なとすらハ別事也
御所へハ不参事也

一　御匣殿別當

是ハ非女御更衣之儀只御所中沙汰也

（70オ）

上古ハ不絶有之
内蔵寮外御服なと裁縫所也
後冷泉院御時頼宗公女候其後絶無其人

一　尚侍
是大略可准更衣近代又絶了

典侍
四人也此職尤可為御乳母之人者諸大夫女

魂ゝ只ハ公卿侍臣女也侍臣女ハ生云
達時也大臣子ハ頗無例大臣孫女ゝ有
例所謂國信女也只ハ袖色品人ハ不好無
職事也假御陪膳着禁色青色赤色尤可
恐事也
白河院親子ハ能信家女又顯國無下
者也然而為吉例　後白河院御時朝子

(71オ)

馬助兼永女是ハ左道但不補典侍此可勘
保元二年為従三位是故ハ労定殿上人女也
天暦非侍臣知通女可准侍臣
二條院御時源光保女為御乳母為典侍
院御時高階清章女同之但是ホモ不違法
向後定左道人多補之
堀河院御乳母家子是外ハ不過二三人近代

摂政御乳母モ在此道モ出来矣
中宮御息所なと常申有例

掌侍

六人 近四人称之 権自上古有之 此内以一内侍為勾當随補日
為一二也雖為先帝内侍當帝可換奏ハ
為下﨟例也先帝内侍也一度人渡當内

不取釼璽之事
釼璽渡時ハ内侍二人直取之 只時由緒 傳之 授

（72オ）

授次将号送内侍掾代之不入禁中之但
近宜秋門院兵衛佐女季長彼中宮時候
其御方雖非者例如此
凡八非可憚嘉承之久我大臣取劔璽
置御帳中次将取之彼大臣更非不吉
人御悩危急為勾當先例有沙汰
白河院御時日非別宣下頭兼作之其人

ニ許也一日ニ一臈侍有障之時用代官流例
其ハ只侍ニ成ぬへき品中臈白地着仍
紫宸奉仕其後是例也
延喜十五年御記神今食内侍有障
以命婦為代雖無例准他事為代云々
是根源也禁中殊重職ハ尤可撰其器
量補品 諸大夫已下女臣有例非普通

（73オ）

事納言孫又同品親王孫也又侍臣
女也生家達女又ハ諸大夫女是ハ殊才子
なとハ不嫌諸家者也但廿五左道人
之女尤可有清撰事也雖不嫌諸家
非重代者不可補
凡内侍宮人ハ儒女不補也　事ヵ
天皇才人経者ハ不補但執柄家ハ雖乀く

一　女房

上臈

不謂是非二三位典侍号上臈着赤青色

候御陪膳也

不補是非典侍聴色ハ大臣女或大臣孫也

孫猶或不聴又聴之

禁中ニハ云小路若河院家ト号大納言

（74オ）

上古可然之人女皆為女御更衣只宮仕
花族人不為家之事但又有例非恥
新院御時督典侍女三位按察三位階為三品不
入夜御殿不取釼璽也是儒女房也
近代三位典侍之東宮并親王御乳母又八條
院女房高倉釼三位力不及事也凡棊中
典侍之人皆有何事哉是近代事也

先帝典侍両河姿着禁色参内可然事也
信中納〻（狂者）類孫参不可例
建暦左衛門督局（親兼女）依（院）御許着禁色
是過分事也但別儀也
其後又中宮女房按察（雅縁僧女）是又参
着禁色参是モ別儀歟但如此事乱階也
但自中宮御方内〻参〻同無何非可賤

遠慮此家経卿女不袘之親無之女ハ穏
是非道事也但別儀中ゝ不能子細

小上臈

不謂善悪公卿女ハ号小上臈着織物并
表着也侍臣女ハ依儀公達女ハ勿論諸大夫
子孫ハ或為小上臈或為中臈也可依父官兄
僧女ハ依俗姓

（75ウ）

一上達部女適々多ハ為小上臈
近ハ兵衛　院御時　又當時大貳法眼成海女
成海ハ房官法師也成海父生云達也是識
物万人可比類不可為例右京大夫ハ大納
資賢孫也而父隆為房官不着識物
依人異事也

中臈

内侍外不着織物類也是昔号命婦侍臣
女已下也諸大夫良家子醫陰陽道等
号中﨟八幡別當女同凡一切著多中﨟
品也

下﨟

諸侍賀茂日吉社司等女也時稱假名也
不及國名但是内當走者歟賀茂祭為

命婦ノ渡後ハ國名々々國名ヲモヨヒ又假名モ
有也是近代如此皆下臈ハ藏人也但近代
中臈品上品《古ク》藏人多之
凡女房上臈小上臈内侍外不入夜御殿
朝餉内只中臈ハ渡朝餉緣下臈不渡
之中臈ハ不取御服於局著絹無文袖
帷事錦端席御座敷不用事也

（77オ）

得選

三人也又髪上采女集之近代花族過法与
女房太略無差別氣也
行幸時持大袋与内侍同車是不可然
事歟一也但不幽者不可叶近年故〻乞
也凡出車寄乗車女房少〻乞　近代例也
况得選不可然事　尤以乞行幸也

内侍同事ニ何ハ雖近代事也

采女

陪膳采女ハ尤可然事也近日漸零落
無極尤可有沙汰事也
陪膳采女典侍作之康和例也節折
蔵人依神祇官申内侍宣也

刀自

刀自ハ御膳《飯イ》宿臺盤所各別也衣唐衣褂也
結中但近代只衣ニ結中ヲ著唐衣是也
一向ニ御膳役者也

女官

臺盤所女官ハ御装物沙汰不可口入但御
近日無刀自同類諸女官等許ニ詣シ時
群参外無殊事御湯殿女官奉公物也

一女孺学様尤不便他女官如浮雲也

主殿司

六人近代十二人範族幽玄送日添時今ハ
不敢侍居服裏《ウラ》無《ナシ》於殿上皆服
不入御殿而勤臨陛目申文撰定時進
廣二廂不可祗事凡申文撰之時ハ蔵人
一人獨候之此蔵人申文ナレト傳貫首

（79オ）

例近日蔵人不知子細如此事可致
主殿司ハ美麗容姿也云人内可稱神妙ゝ職
女嬬
近代ハ不着衣只以廿袖ニ唐衣也以左道姿
御殿調度觸手上下格子奉仕蔵人等
如在不當故也
御所中掃除指油不役女嬬所知也

近代様不可説勤失禁中礼右便所
為家是寛平遺誡其一也尤可忌々

（80オ）

下

詔書　同覆奏　勅書　宣命　論奏　表

勅答　改元　廃朝　天変奏　焼亡奏　薨奏

配流　召返　解官　除籍　勅勘　召人

怠状　召籠　祭部　焼失　追討　神輿

赦令　物忌　日月蝕　雷鳴　止雨　祈雨

御卜　解除　御祓　護身　御祈　修法

（81オ）

一詔書 改元 改銭 赦令 及臨時大事 為詔書
上卿奉勅仰内記令作詔書 常内記之時弁草之 凡天下大事ハ儒弁草之
上ニ令持内記参之 入莒 天子覧之書曰テ
返給上ニ着本座召中務輔若丞於軾
下給 不入莒 有写一通年号奥輔一人加
詔書式日別写一通亦下署送太政官日ノ上書様其日ヲ
若月ノ下ニ書也他字ヨリハ墨ヲ黒ク新大ニ書や
寛治四年十二月廿日
宸筆ハ二字也廿日条ハ
ニヒト書也

（82オ）

承暦二年三月十五日如此
改摂政為関白詔書内記不書其日
主上加具日猶幼（主上十一）主儀也未覧吉書云々
主上令書入給其日許也寛治永久
大治猶如此
　詔書覆奏
上卿奏之天子覧之書可字返給年号

奥ニ聊上ニ書也、只ハ可字一字也
可書様
天仁二年八月十日
可　宸筆、年号多ハ是ヨリハ上ナラハ可字モ
アカルヘシ、年号ヨリ一寸餘可上也
年号在二所、端年号ニハ不書公卿連署
奥年号左上也云々
保安尊号詔書覆奏之時摂政忠通

有許定與年号ゝ書也保安ニ可字ヲ
主上年号上ニ令書給上ゝ宗忠宗頭中将
宗輔公卿連署年号ノソハノ上也
仍被摺直了奈記師遠宗忠同之

一　勅書書黄紙自唐太宗貞觀始之

上卿奉之　主上書日但依事无
延久元年當帝皇子二人為源氏勅書不書其日

承平元年貞信公上表有勅答 書日
天暦十年論奏勅答 不書日
但件日内記臨書日之趣被問上云〻〻〻
申延長例由
貞信公准三宮勅書云〻連署露處
頗遠今案依年中行事 本ノマヽ 人々
天暦 徳イ 四年十二月廿六日息子給源朝臣姓

勅書明日當御衰日何延其旨　勅書可
忌御衰日歟
凡詔書　勅書　勅符書上　詔書　勅書覆奏
已上書可字　論奏諸衛擬舍人奏書聞字　皇太子令旨書日
一宣命
上卿奉勅仰内記令作先奏草次奏清書
神社宣命御浴殿後覧之諸宣命只覧

之公卿例状ハ或不奏草中納言是忠
為親王有勅命直下中務
如奉幣有辞別必奉草其趣兼テ職
事仰上卿々々仰内記辞別ハ一切事
天下奇恠又御慎等事也

一　論奏事
太政官修論奏公卿連署大臣加名字上卿就

（85オ）

御所奏　主上書給可字其様同詔書覆奏
應和三年七月公卿請停止行舊錢用
新錢論奏及康保二年三月日書可字
返給
延喜四年十月廿六日　主上太子論奏書
可
凡可字聞字両説先多聞是可字詔勅

一 表

天皇依義譲上表〈詞如臣下表／表近代無之〉太上天皇尊號辞表〈如臣下中納言為御使六位判官代一人相従傳賜事／中事由奏覧被返遣之時二丁枚置所云〉

大臣若内親王准三宮時有勅答遣中納言

康子内親王辞年官年爵時有表摂政太政大臣表毎度有勅答大臣大将等表近衛司

若只侍臣置殿上直盧盤奏之有御覧置

御覧中敵返給之時ハ返給之大臣辞封表有勅答
第三表近衛大将返給三度已下不加花足三度給
勅答但太政大臣摂政之外三度之後無勅答
大納言已下辞表返代無殊別儀なとせす
前々是大略同事也納言已下表辞状不許者
遣給辞時使口勅偏緑表返給時使兵衛
佐也

一　勅答

一切勅答職事奉仰儒者使依其人

一　改元

代始改元ハ即位次年定事也其外ハ依大事有改元職事官外記出兼日召文章博士或ハ大輔又已達儒卿廿人撰申諸卿於陣定申職事奏其由重可定申トト被仰試

有綸言定公卿職事奉勘文有御覧
返給年号内可然年号無之時ハ舊勘文
被下常事也寛治度被申院近代屢
如此義保自上被定元年号定之後主上於
朝餉令書給其儀無別事高檀紙書
年号字一枚也其後万人可書也　康暦
元年　不審也不幸同年号
許也元年字不幸也
次主上着御引直衣

限務　出御晝御座有吉書官方弁藏人
方頭　自南間参之　主上取之置御前復座
縁披覧之置御座前文下向御方吴大臣給之如例
吉書一イ切参事而出御清涼殿近代略儀
時於朝餉有之於改元吉書者必可有出御也
延久元年依入夜於朝餉参之希例也兼備元
出御中殿又大内記作詔書先草次清書改元

（88オ）

猶如有改也

一 廃朝

廃朝者諸司政如恒天子一人不臨朝政廃務焉

諸司不改 一日或三ケ日 廃朝後未行改以前ハ神事

外他事有議多者不行也世大事必事竟

参時有之依事淺深或五ケ日或三ケ日也

廃朝三ケ日ト被仰又レハ心喪者致警蹕

禁中无物音警清涼殿御簾并罰可上
御簾為当忌日及数日式無沙汰三ヶ者四日
上御簾例有之但不可為例事也
寛治八年陽明門院御事二月十日差遣
令廃朝固関依上東門院例三ヶ日也而
十二日御衰日復日也十三日為會復日也仍翌日
朝被上御簾又同年顕房公薨五日薨今日

（89オ）

廢自此日止音奏警蹕帝外祖与十一日十二日共
復日也廿二日雖為凶會日強不忌則上
御廬早近臣治刑部卿三位平時被用
被例自余或不然殊ハ御衰日二重復日忌
凶會九坎日忌不忌如此事在時議也彼顯房
為時發警固ハ當日解陣也雖可為三ヶ日依
避日次十二日忌上御門廬雖為凶會日及[illegible]

日有憚之故也於警固者雖及数日依
昔日及毎日御記如此郁芳門院准母儀人
也仍殊重五ヶ日廃朝警固ゝ開如恒
凡殊事ハ五ヶ日普通廃朝三ヶ日也
承保四年香椎宮火承暦三年神宮
外院火此条五ヶ日廃朝也其後守彼例也
嘉承元賀茂元々永二鴨大治神祇官等

(90オ)

焼失皆三ヶ日也准之可知之

一　天文蜜奏

天文暦権博士并蜜者居毎有天変奉奏
書司天先参内覧人許披摘覧之加封進（返イ）
司天則給之持参内裏於殿上口申事由
蔵人取之付内侍天子覧之披摘加封者湶
又給一覧之後也封上書披摘所名後人令密置

家字良経ハ書良字也日月蝕星孛奏
天同殊大事変出現之時ハ不能進奏例
夜馳参夏始着冬紫菜冬始着夏紫菜
有例

一焼亡奏
有焼亡之時馳向撿非違使参内列立
殿上口蔵人下逢殿上判官或加列 厨下表上 也敢上奏

（91オ）

於他所五正下五位或三位上五位
為役也但此時者多五尉下臈
蔵人聞奏状進朝餉
南庭邊如申奏之又問何所奏御所或
南殿或后宮御方皆有例陽明門大路郁芳
門大路ナト奏也詞此外無別事近代絶々
建久已後無興奏禁中焼神事不奏宗要

一　薨奏
記憚復日々々但復日例多矣

上卿着陣外記申其由上卿以職事奏
薨奏之由御間食之由於外記指薨奏於
文杖覧上〻〻〻見之進御所有御覧留
文ヲ返給杖薨奏以吉日奏之可有贈官位
人ハ被仰職事警固廢朝三ヶ日由同被仰下
凶音奏下御簾也上古遠云〻近年無其儀
又薨奏モ絶了

上卿仰警固之由於六府有贈官位時ハ上卿
奏位記宣命入筥御覧後返給請印後
又奏宣命位記使諸大夫相具内竪一人向彼
家也薨奏弁位記宣命不御覧也

一　配流

先被宣罪後於陣宣下可然人ハ有詔書ニ
大内記或儒弁草之上卿奏之口ハ凡人ハ口宣

上卿宣下也罪沙汰近流遠流次第有之
撿非違使向彼家以具武士被遣之

一　召返流人
宣下後觸彼家差使召返也

一　解官
罪淺深被定之有解官停任由職事奉上卿
輕罪時以被召其官許所謂伊通為隆口論

(93オ)

時皆召集官不召僉議

一　除籍

侍臣不有罪過之時及除籍頭蔵人奉仰之
蔵人々々削簡蔵人非蔵人同之廢上受領在
後簡同削之　應和伊陟依狂病絶入有
此沙汰仰曰《本乞》天下所被者只病故不仕伊陟病
若依近仕叢須令性々時可穂下于狂可削其

籍依不同、欲具注之、尤号下部、被痛不能
参内事也

一　勅勘

无風情見天氣、閉門之外无也

一　召人

侍臣遲參、或稱障不參之時、或遣實撿使
稱病ハ侍醫遣之、尤召使ニハ、殿上人ハ瀧口藏人

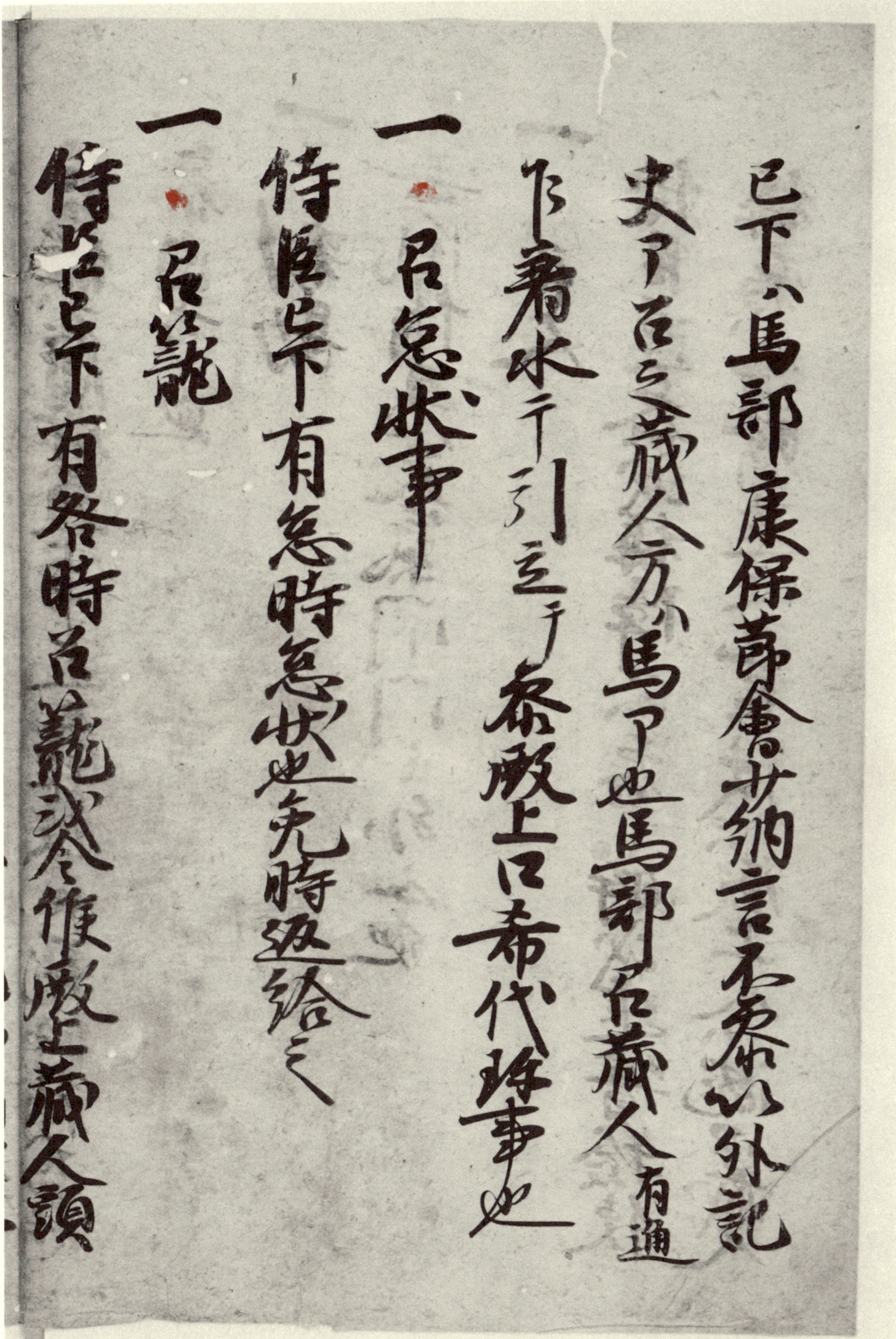
已下ハ馬部康保節會少納言不参以外記
史ア召之蔵人方ハ馬ア也馬部召蔵人有通
作着水干引立テ参殿上口希代珍事也
一　召怠状事
侍臣已下有怠時怠状也先時返給之
一　召籠
侍臣已下有咎時召籠ハ令候殿上蔵人頭

(94ウ)

召籠ハ非普通事近雖被召籠師頼為蔵人
時与蔵人定仲伺見五節帳臺于時出御有沙汰
師頼遇懼昔日許籠居為次人勤事不聞
事也時人驚耳目云々然雖事不可為例
應和中少将四五人伺見隆目仍令召籠居
近陣近代地下者ハ召籠（召イ）陣殿上人ハ召假
禁中也蔵人ハ或召籠擯數仲資百日假

横敷蔵人次私ニ召籠恒事也
瀧口所衆ハ或召籠御所中或召籠于殿上
口片時も不免殊重事也
召籠人不經御膳不參御前

一　給馬部吉上

一所衆瀧口未補者下寮於殿上口給之馬部
相具六罷帯滌重時忽於殿上口切紙列八

慣也當時引張出首例餘人同之或
給吉上内官取訊下トハ或給吉上也又下
九井方或渡北陣使庁渡也凡若
罪過條々可見貞観政要貴延従之言討
能従輕律勝明文也以不行刑為政道專
一現依御事蔵人以下馬部或懸状之也
不便所為也條々是非律罪科聞之女房云思

一内裏焼亡

近辺有火之時陣中ハ将佐柏夾帯野釼

如法寄御輿猶帯弓箭或随身弓箭

或只ハ流矢又野矢以流矢為吉又用瀧口弓箭

無雖別為勤属作不用火長弓箭大将ハ

此時柏夾迎馬ハ無定様有随身人随身

将馬或前駈馬ハ無定抑如近衛将用水干

鞍用移ノ并和鞍不可出
装束ハ直衣衣冠布衣云雖不被直衣之人
着直衣云々憚准之大東及近隣時如此作法
云由
主上ハ御引直衣生袴也乗御腰輿昇
云宮之様人之下人郎人随参會相撲節前
日有内裏焼亡相撲人昇之尤有便宜凡様

在時識也内裏焼亡并他所臨幸時如此
間之内又并他所之儀同之、然者御東帯焼間
御装束同出御所諸陣又不能改装束
釼璽ハ主上自持給有例近来持出何也
可随便但行尊持之後日被謝申云々
人不可取之也
内裏焼亡云々如有廃朝但、内云々如有

廢務哉、去隆頼寛治堀川院焼亡自次日
有廢朝、警固如恒、上皇又渡御有例
自門下御、旧裏焼亡後必有殿上定元
殿上定云々、主上着御殿上倚子御直衣也寛治詳記 如此
如節刀有賞翫云々、用近衛司寛治 顕實先々以
蔵人令求也、求節刀又弁官、天徳國光寛治
宰是皆相具持出也・近代納職中、安三日内豎求渡御在所

一　追討宣旨
有僉議三関警固諸衛帯弓箭追討使
給宣旨於陣鳥大将記給其人ゝゝ召給之
於文被召御前之時用弓場殿参入也
只時不用之直賜事給宣旨

一　奉振神輿
於諸陣被御祈又閉諸門云神輿進給時

天子下地敢不復本座雖〻トモ御法會同無異説也已
之儀

一　赦令
世大事殊御祈之時被行但免者別勘給勘文下
撿非違使成別勘則為上卿召撿非違使於軾下之

一　御物忌
御物忌之時惣不出御他殿舎中敷事於廊中首之

（99オ）

或出御廂不同、時例也。如四方拝ハ雖依物忌
或出御東庭、於小朝拝不出御。是延喜以来依敬神
明天道也。無出者如御禊ハ、多出御廂也。同記延喜三
御物忌。女官擬取ハ、参議他人ハ外宮候座之
不参御前也。寛弘七年小朝拝ハ出御、外宮人令候
節会無出御ハ不堪忌之。同記、御物忌時初参議人
出時可参之。或記曰、佛名之時出御ス、近参加名

謁與儀同之又不重天被破常事是御物忌
數日相續不快例也廿之ハ依輕可被破事也
八卦并祿命等同以ハ時延久元年三月八幡
行幸還幸同十二日當八卦并祿命御物忌也與
例〻廿之有死同物忌ハ或不固也見動擬陰陽書
京極關白曰宇治殿於祿命物忌ハ或固或不、
固等又有御行只ハ任意之依月建計之或依

節許之由説也（注房記）師房不鏁門宇治京極
或鏁或不鏁禁中御物忌時諸礼近代公卿
参籠聊難叶何ヶ条ハ不重ハ破之近代ノ事
如此物忌ニハ不加御字以柳造簡（三分許）插御冠纓
上御啓奉鳥時ハ付左御袖（書白紙也）又枕已被参入
人ハ不催以前可参先大内儀諸司皆各別也
許内猶不参在清少納言記職書司催人

堅固時同諸門兵衛府記大将有便之由注之

不参内、里内之間陣中家居又准大内大垣内参尤不知子細也、御物忌ニハ諸陣立札、御殿之御簾ニ毎間付物忌書紙屋紙張、外宿人不参、御前凡ハ依物忌浅深、堅固時ハ殊重也、主上猶々不出御簾外、毎日御拝時モ不上御簾、二間仁王講僧ハ随外宿或参上宜参籠兒、二間ニハ不付物忌切御簾ニモ不付、人出入間ニハ不付也、外借御不

（101オ）

進之但御持僧加持于摩ハ或候之可依時議
殿上大臣以其盤不立大臣参籠不普通之
故也不撤倚子覆不上小蔀裏返簡
御燈并陪膳祭等御拝如例出御常事也
付御物忌也又於簾中有之或於御座間
或不尽先例不同御拝ハ伊勢幣ハ多又石灰
壇ナ若ハ時御物自晝間供之御燈ナトハ於晝御

座間有之寛治四年三月御燈南御物忌暫撤
書御座間ニ供御座上ニ廂御簾垂母屋御
簾付御物忌宮主在東ニ庭御下御簾巻不巻
兩説官奏御出業ハ巻御座間廂御簾不付物忌
並額間御簾付御物忌母屋御簾ハ清並付物忌但
額間雖云不付物忌依為御出之間也不立母屋几帳
掌燈ハ除當間供南北間大臣進退有便故也

（102オ）

是〻永久二大嘗会以近代嘉例被定進所殿中
可為指南
諸職皆大内別司若職也不可禁中〻〻
職又不可諸司有職云〻仍諸陣令立札
康保元弘徽殿并橋下
此大死時如此

一　日月蝕

主上當日月蝕之時御慎殊重日五　十四　廿三　卌三　四十　平已上不軽

月ハ七廿六卅五卌四五十三同ヽ不然年モ非軽天子殊不当其光
雖蝕以前以後不当其夜光日月雖同以蓆
裹廻御殿於供御不当其光日蝕ハ未明前
月蝕ハ未暮前月事人々可参籠御持僧或
他僧ニテモ奉仕御修法其上於御殿有御
読経近代多ハ薬師経也不可説凡僧不参
上古ハ可然僧参又不限薬師経或法華経

永長此御読経被行無其日　大般若常事也上卿一人着加孫イ廂
行之有弁於堂上童子引廻席之上内引敷
陣外席ハ所衆引之内ハ蔵人引之近代
或有無御遊昔不然嘉保或記日蝕ニハ
止音奏両下称音奏又曰凡日月蝕月内
猶不聞食之音楽ハ在宇治左大臣記又止行幸警蹕近代
無此儀可尋両下時結願御ハ読経撤廻席

但不上御簾惣殊有御慎事也云々

一　雷鳴

上古ハ上卿召兵衛佐令候御前諸衛警固

次諸陣見參令給祿近代不及如此之儀雷

鳴又送年殊近代ハ無藏人持瀧口弓候

御縁若瀧口廿人召御前令鳴弦御持僧

參會時令念誦是又無別事

（104オ）

一　止雨

奉幣丹生貴布祢、上卿行之、使神祇官人、
殊時蔵人、若非蔵人、免霖雨之時有宣命、
卜随其状祟文有、込り送り氣方違實検使尋
子細、山陵同之、應和二年止雨奉幣、猶不止奉幣
土社、十五大寺御読経、過法々時有種々御祈
一切同之、奉幣社々十六社、上七社、大原、大神、大和、石上

廣瀬龍田使者丹生貴布祢是古（上イ）例也祇
官人参丹生貴布祢之時神馬ハ召寮以
内（中イ）野放（牧タ）御馬殊時蔵人奉之被進尋常
御馬以自院被進之止雨ハ赤毛祈雨ハ白毛
也應和御記依式止雨可牽白馬而年来
赤馬也都未仰下之由爲之所仰令加牽赤
馬如延喜式者祈雨ニ黒毛止雨白毛也ト見ゆ

賀海決祈雨ニ白毛止雨赤毛云々自中古流例也應和丹生使大中臣高枝率衆物申請給御馬仰依請康保二年八月御記二社ニ被副進赤毛馬（十二社内寮及野放）

一　祈雨

先以藏人（若非藏人）令拂神泉苑仰行向集（卒イ）人夫池邊石ニ水ヲ灑テ高聲一同ニ云雨之海龍王

此事無所見近代如此限七ヶ日有験時替
蔵人有験時蔵人参申事由召朝餉内侍給
御衣 白衣或七瀬御祓単給之 永長源仲正給紅衣如何 蔵人下庭舞踏或退
殿上口舞踏又陰陽師奉仕五龍祭 或於神泉祭之
一名雩祭三日祈龍奥味御衣御鏡共不用之
又龍穴御読経神泉御読経求雨天供数人奉
仕此供有験二社奉幣同祈雨 黒馬或白馬

（106オ）

天神祇官奉幣官祭主承仰祈申諸社奉
幣随御卜方有之、神祇有験者殿上口
給内蔵寮禄蔵人給之、寛治八神祇少副中臣輔弘祈雨有験上日給禄内蔵寮大褂奉官七ヶ日祈永久往此
例卜ア貴如此又祈山陵有宣命或御祈尊勝
計大極殿御読経或七大寺請雨経法諸社
御読経僧綱於社々読金剛般若経寛平例
八賀松稲春住成崇宗社々有奉幣也凡八不過十社奉幣

尤有験事、先如此殿上使可奉、尋常御具

祈雨ハ急事也、貞観於神泉有船楽、應和

於神泉被行北斗法、又十一社奉幣 木嶋 乙訓 水主 天雷 恩智 平岡 生田 吉田 垂水 廣田 長田

雷公祭ハ雖有験頗絶畢、寛俊

行請雨経法、ゝ験威儀師能ゝ弄以意趣壇邊

被放鶏之ゝ世人為珎事

一 御卜

（107オ）

諸社寺并所々奇恠珎事出来先有軒
廊御卜上卿行之神祇官陰陽寮卜申
上〃以職事申子細被問軽重子細上卿
並日問官寮了申也可有御物忌職事
下知之又不及軒廊御卜内々事ハ召陰陽
師以蔵人被問進卜〔勘イ〕文皆連署或三人或五人
神祇官卜ハ於弓場殿以蔵人令卜之

非強事ニ御卜不可行由在寛平誡訓
但密不内々時用官也又内々密々小蔵人
書被問陰陽師家常事也

一　解除

年中行事障子東御屏風二帖立廻（有鎮子）掃部寮敷之（寮イ）
其中敷小筵二枚其上敷緑端半疊一帖也（青端）
御座左方立燈其上供御燈（在杆）敷火

（108オ）

也御以前供物
錫紵無文御冠巻纓蔵人頭柳筥居土高
坏尋常御冠也御衣御袴如恒不着直衣
往代ハ先着常直衣頭一人女蔵人二人相
従一人持居匣筥蓋入御櫛一人加宇加伴
頭取錫紵令着御布御帯只ハ一結次ハ
御冠次入御女蔵人取常御冠進入次御冠

并錫紵給蔵人所上古或錫紵布也青鈍
直衣如之郁芳門院御事時被問人闕服延暦例
屏風ハ昼許聊アケタリ御衣ハ自内蔵寮
給縫殿寮染之向給方角被問陰陽師也
郁芳門院御事時廿日錫紵廿三日御除服
御装束如一日改御装束御冠還簾中又供
御装束御直衣如恒錫紵於川原祓御冠ハ

（109オ）

給蔵人所被返御冠許一段也御除服後
於朝餉有吉書事
一　御祓　八十嶋在別
尋常如七瀬上巳示内侍進撫物上﨟伝之
撫御気給使内参之後着御（二子アリ）一切祓
撫之毎日儀ハ御衣許毎日御身上ニ引懸候云
或[illegible]御祓使用四位五位（殊時用四位五位　此時必是代様也）

一　護身

御持僧中必一二人ハ一阿闍梨験者加之朝夕候
奉護身鳥羽院御時ハ行尊風夜祗候
其外モ毎参内必有護身毎日御拜ハ後也
神事ハ又不然参入護身時必引懸直衣或
障物有之二間ならても随便南殿或后宮
御方なとにても有之只ハ護身許ニハ七日なれども

（110オ）

不給布施有御物付如給禄或有賞后宮
母后ナト有別禄御紫末也百日ニ被渡物
神事可於陣外析之物付ハ如只女房衣
唐衣裳也如萩ニ戸有此事中障ニ懸御
蓋為障儒ハ居畳物付ハ假板立屏風
於寝殿嫉析物畳圍碁盤有可同事内ニ
女房ホ一二人向〻物付起之際御障子ニツ

タツルナリ被巡時進退揺御身坐縮也
未定所存也

一御祈

御持僧外御祈奉仕人過法多之中々無詮
宿曜師亦密宿房之引斬汪建還見苦
事也御持僧又近代法親《王イ》なと其亦奉仕
御祈之僧不足也一兩人宿曜師不過二三

（111オ）

人陰陽師又同、陰陽頭・陰陽助ニ可依召、長日御
祈ハ在不定多々
昔ハ造佛像与御讀經殊御祈也、近代以
修法祭為殊祈也、何ニ依時事也、修法識
事之祈云々、雖无造佛御讀經又同、於公家殊
御祈者孔雀經法也、二宗於真言院奉仕之
大師起請以宗長吏修
不論[illegible]修也
近代絶了、其外ハ二宗大

[illegible]雖多孔雀經仁王經大北斗如法
法圓城
愛染王如法尊勝普賢延命熾盛光七佛
藥師尊星王金剛童子等法又五壇是等
秘法供等不尋勝計依時且随阿闍梨申被
行也又依事被行之所謂祈雨請雨經造作
時安鎮蓮人時四天王辛酉年金門鳥敏五大
虚空蔵也如此事多又嫁七日太元恒例事勿論御

持僧長日三壇法外必臨時恒例可被行
被造御佛ハ丈六等身已下不可勝計於
二間有供養又於別殿他所有之木像ハ
不立御帳内也
古人説不及
昔御讀経
經ハ毎年
蔵人方
沙汰也天変
地震ニ臨
宣行之
御讀経二間最勝講仁王講法華経大般若
観音経等　故人説不及昔日御讀経ハ
毎年蔵人方沙汰也
或御殿或南殿也
祈禱御讀経　天変地震御臨
時宣行之
通夜事等御祈也

法勝寺延暦寺及東大興福寺等多ハ觀音
經口別百巻ニ有度若　藥師經口別十二巻　仁王
經口別五巻
大極殿又同七大寺御讀經　使所雜色　天暦御記　同御
讀經最勝王經大般若等也
諸社御讀經　三ケ月　仁王經金剛般若等
同神馬ハ不吉時宣事也只時ハ昔ハ不然

（113オ）

近代ハ内〻常事也後冷泉院御悩之時
有此事建久末又有神馬
禁中不行調伏法之由寛治有沙汰定畢
天慶朝後御祈忌重復日五壇法時重服
人不憚寛治例御修法當神事白地出陣
外常事也又小神事ニハ於僧許佛事ハ不苦
有例於本寺本坊行常事也

陰陽師御祭穢属星云々北極太一或三万六千神老人星ホ不可勝計或進御衣或御鏡精進魚味時依祭藏人多為勅使或殿上人有例斉籠ナトニ女房向其所為代官例也
四角御祭云々所衆瀧口若四人為使八人也

御修法

於便所別殿被行之時有渡御初夜結願

（114オ）

又中ニモ任御意且日御精進也着儀御修法ニ
朝供奠味遣六時有渡御于時御浴殿御
引直衣張袴或生袴供草鞋下御御袴踏
入也數遣道頭中将或次将取御殿御劔
前行束帯着直衣殿上人催脂燭頭催御共
入御聴聞所之上或持念珠立廻大宋屏風
供御座御敷設一帳屏風無之御[illegible]

畢遂御支初鈴還本殿記在籠御加持
参二間結願御加持以或女房召垂母屋御
簾以南三間為阿闍梨座伴僧在右廂壇
頭仰勧賞又説御加持後仰也

御読経

於中殿行時垂母屋御簾以帳間為御所
但近来之頃於二間行之時於上御局聴聞或

（115オ）

夜御殿公卿着座時有出居堂童子也前
儀不及廣於南殿被行之而多不渡御但
殊御願御祈之有御幸
保安三年南殿百座仁王會主上御南殿
乾角懸御簾為御所御束帯頭中将忠宗取劔
前行女人々候御直衣冠于時為隆日記出御
南殿御装束如常又御主上ハ直衣也此説如何

一 宗忠公日記易御馬御覧時非幼主尋常直
衣也君之御不帯無謂可為直衣歟
御願趣ハ天変地妖時ハ御祈之有別事ニ又
被仰如然事頗ハ許也執柄下知也主上
不能於綸言

一・殿舎渡御
渡御殿舎后女御方へ密々儀ハ自昔不及

廣侍臣サラ候御共或小舎人童蔵人ホ
候之不及御劔蔵人數廷道近代殿舎中
皆有打橋或不用廷道御草鞋用之御
装束等之遊様御冠ハ必着御也
有或渡御ハ西禮女御靄頭ホハ召テ在御
共御直衣　寛治堀川院焼亡後大炊殿遷
[illegible]　西對數廷道主上御引直衣

一内侍二人取御劔璽、中宰相中將經實宗通不
敢之、殿前候、殿上人假脂燭開已上下公卿
四五人請參常扈從、次有吉書藏人方官方、先於
殿上内覽、今度依密儀云、公卿饗饌并
反閇、安和二年圓融院初渡御清涼殿是讓位時、
主上御來、常有饗饌、内侍二人取御劔璽口五位ト
侍臣假脂燭、此外例難比近代事

（117オ）

交易御馬御覧
陸奥交易御馬或臨時召之近来（承イ）舎人上
洛奉解文弁内覧次奏
主上出御南殿（御直衣）或於大庭上御覧下行之
三四疋令騎（如駒引）有出御云々上下進簀子傍
毛付也於大膳職或馬寮飼御馬不同也
又於仁寿殿覧御馬

南殿儀

剋限主上御南殿（御直衣如任大臣節）御〻帳西間

廂大床子大宋屏風在後頭不候甚邊

攝籙ハ不候是指引分敬也但上古多

候也上〻自東階進候簀子次引

御馬（自日華門）上〻案礼云騎二三廻後上〻

日下利次引立南ニ庭左右年須將并

馬頭進立南階下上々日御馬取礼次
引之御馬左日華右月華次上卿退下取副解文於場次
於陣弁已下引分将参上々分之已上本也
院関白家出遣御馬其外用寮駒或不遣
依仰也

一　帥大弐諸国受領赴国

帥大弐赴任上古必参内召弓場

一　凡次召御前給禄、〈或依人体〉件禄ハ白褂一領、御
衣一襲、〈近代亦乱　或年如此〉或給御衣許、〈天暦元年如此〉被時
召南廊小板敷給禄、拝舞退出、又殊被
加半臂・下襲・表袴、又袙ヲ給、〈資成経家　重尹例也〉
寛治大弐長房赴任之間、〈府ノ〉参内、〈吉日奏吉日　可赴任〉以
頭弁季仲申来、吉日可赴任奏聞、次
主上出御昼御座、〈御直衣〉暫移置昼御座於

南廂近衛陣　南廂疊二枚為公卿座其上敷
円座二枚為大弐座次召公卿々々着座
次召大弐々々着座殿上五位居衛
無飯
先大弐前次公卿前次頭勸盃蔵人五位
二献大納言勸盃大弐々々撥治部卿三献
拝初次主上目大納言々々進御前拝舞
一献目大弐々々進大納言前傳御下器退無

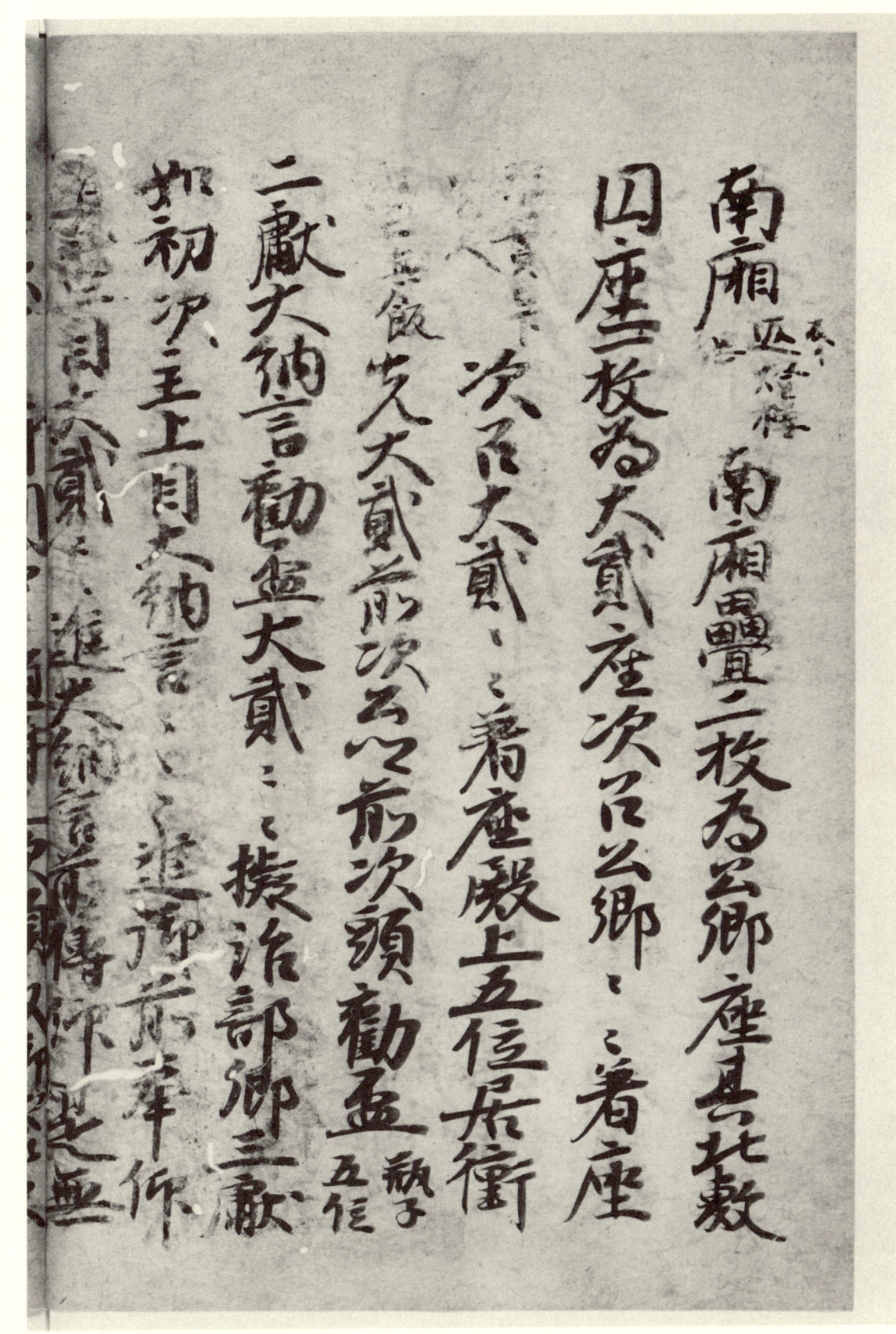

一
定様宰府間事随時也次頭取御衣装束
給長房下襲半臂上袴加大褂一大貳
下長橋舞踏次給御馬（不置鞍／官人引之）經信ハ取
一領ヲ他禄道時是ハ經取之經信ハ先於
弓場以頭中事由ヲ則着殿上公卿
以前召經信是為上臈故也餞之入御盃ハ
平伏通房ハ依為重服於殿上以蔵人奏

可赴任由次於弓場給白蔵寮大褂一領
蔵人給之次給御馬一疋凡大弐赴任日内
蔵寮殿上ニ居肴物依餞儀也如宇佐使同之
受領赴任時其身参殿陣以蔵人傳屋召
内府給禄蔵人給之拝舞退下若國司有可被
仰事其時ハ近ク召奉仰下稱唯
殿上受領召時不然御簾切下受領ハ無

一
御簾應和丹波守高範赴任之時被召
御前ニ不垂御簾之昇殿之後不可然哉故也
御記内裏穢時國司於陣外申事由
仰聞食由不給禄又御物忌時給禄于不召
御前之義例（應和伊与守）又有指合事時以藏人申
事由於腋陣給禄不召御前是流例也
應和依降日議不召御前如此禄ハ殊ニ給御衣

（121オ）

一襲只八〻内蔵寮也又依夜陰不召御前例
也康保例

一明経内論義
主上御南殿母屋御簾内次内侍臨檻奏人
次王卿参上次近衛将参上着座次大臣奏
内竪〻〻称唯入自日《ヒトキ》華門立標樹西南各
宣博士召才次博士《シト》入自日華門列軒廊

次大臣召博士於菊臺簀子床

次問答次博士退下次公卿出東下殿

次蔵人令持禄於左青瑣門

一　雪山

年内雪ハ上家催所衆瀧口等參春雪ハ皆

ハ必可參大内ニハ藤右衛門弘徽殿也里内依

便宜藏人下知修理職儲屋具雪不足時
被召諸御願寺執行率之瀧口相具衆
士及取夫上殿上舎槐雪而衆作雪山瀧口
於棟板雪而衆作山瀧口上臈三人而衆上
臈三人立庭率行持柄振藏人頭假着子
奉行 多直衣 藏人假便而于傳事修理職
作屋凡此事上古不見自中古事也事始

大略一條院御時の後歟清少納言記枕草紙

初雪見參ハ近代絶了初雪日仰六位藏人

令取所見參藏人束帶或宿衣召朝餉仰之

内侍傳仰藏人進見參給祿内藏寮絹於藏

着布衣

女房藏人已上絹一疋

主殿掃部女官 信濃布四段 下各二段

御厨子所得選 各一疋

刀自 各三段

（123オ）

此外御厠人長女内竪主殿官人史生案
主下部今良諸陣府生番長舎人依見
給之

一　犬狩

蔵人兼仰下知所衆瀧口参瀧口ハ帯弓箭
儲所々射犬所衆ハ入縁下狩出之此役太
見苦仍近代好遅参宣旨家尤以瀧口仍武士

并取文入錦下
廷房記曰堀川院御時犬狩被用諸陣
而先例當御物忌時犬狩有《尤イ》便々々
依之又藏人一面持弓先例犬狩時候々
左右近陣吉上ホ狩之云々殿上將佐巳下
可持弓也

一　鳥

（124オ）

幼主時小鳥合并鶏鬪常事也子細無
定様又遣馬部吉上取小家小鳥鶏流
例也如此興遊幼主御時事也

一　虫

松虫鈴虫類人々進之或被召賀茂社司
堀川院御時頭已下向嵯峨野識肴
遣遥是給虫屋向選虫奉之

（124ウ）

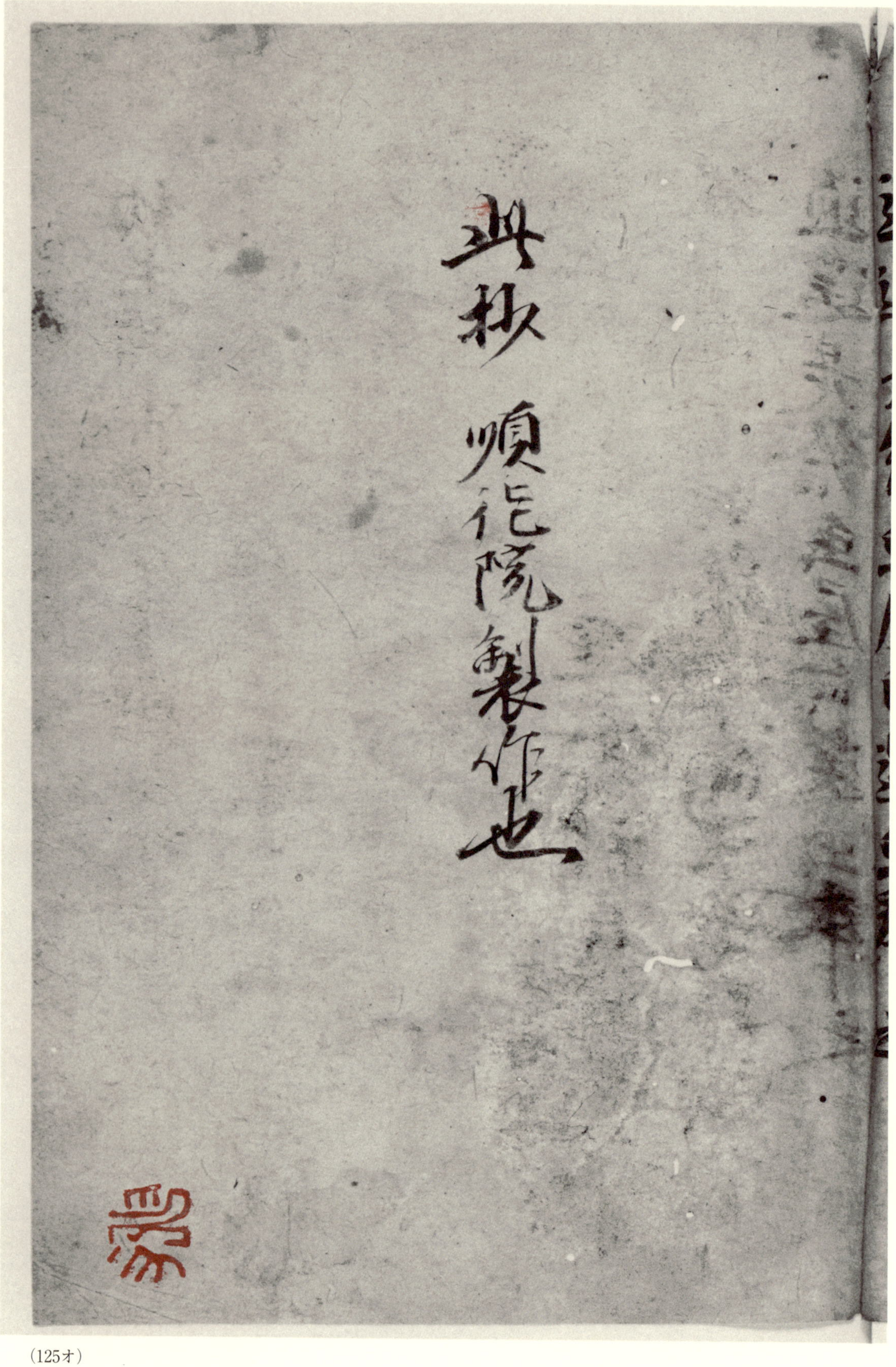
此抄　順徳院御製作也

（125オ）

（125ウ）

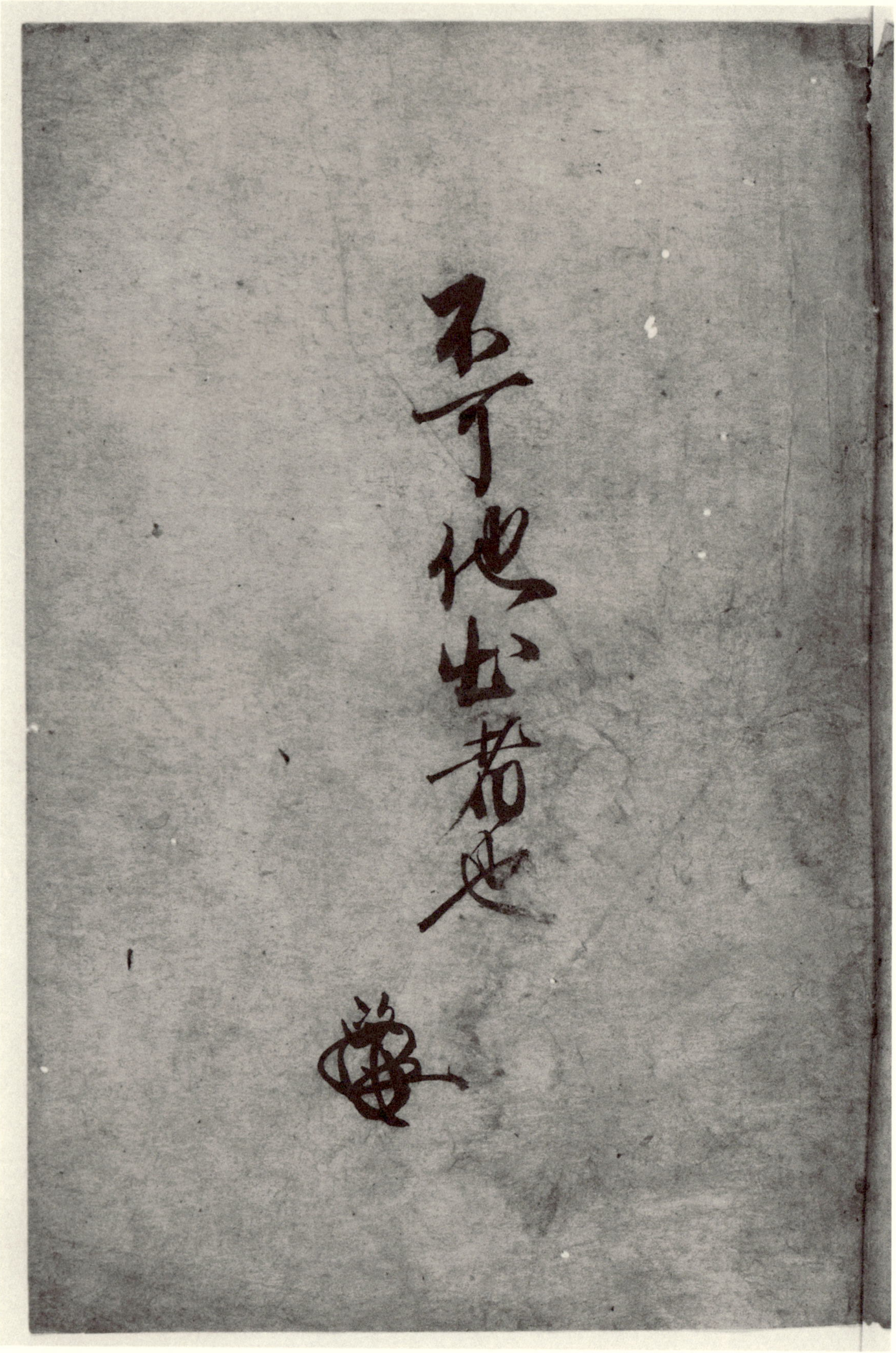

不可他出者也

（126オ）

（126ウ）

禁秘御抄　後表紙

参考図版

収納桐箱（外箱）の蓋上面

収納桐箱（内箱）の蓋上面

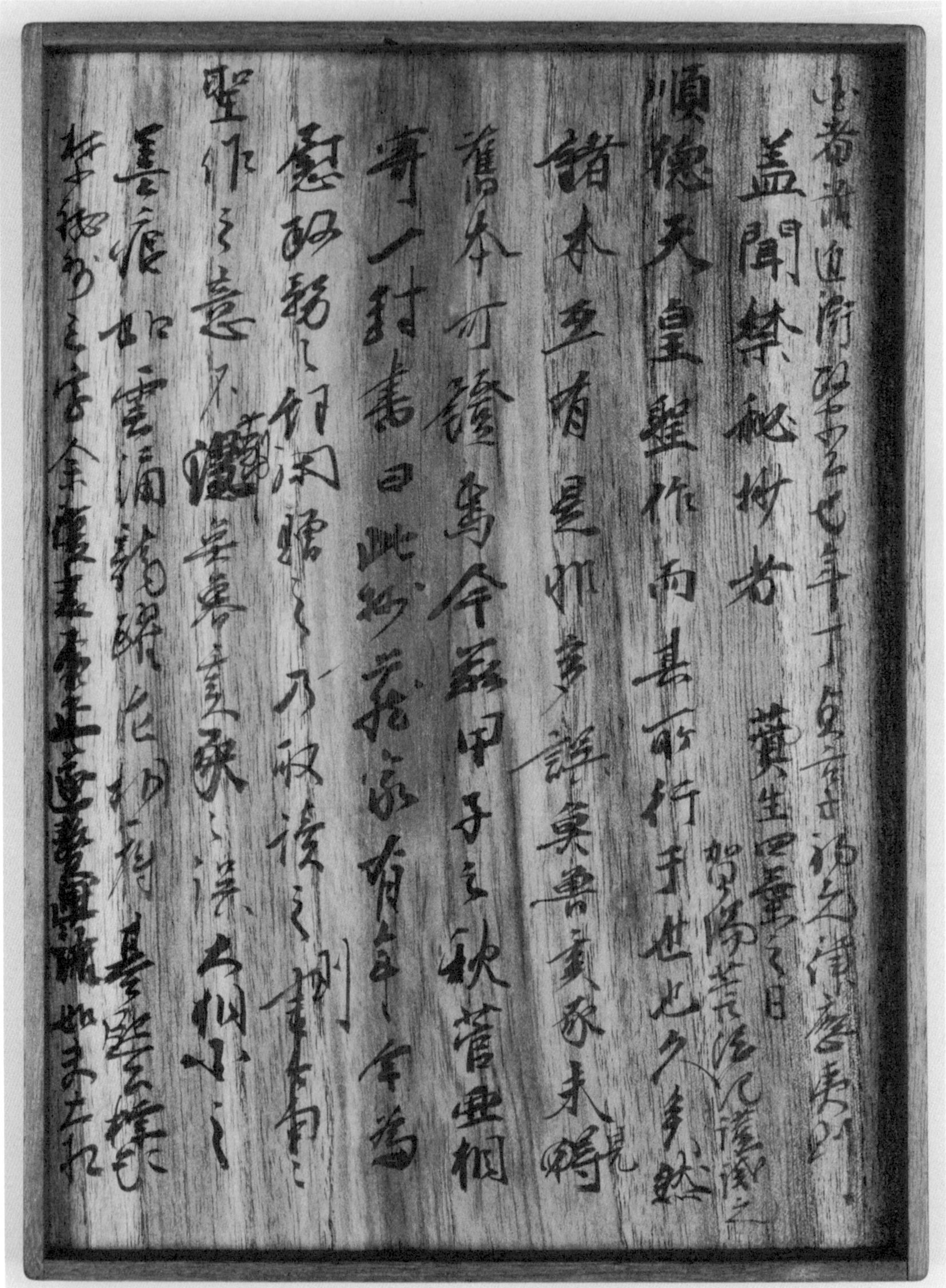

収納桐箱（内箱）の蓋裏面

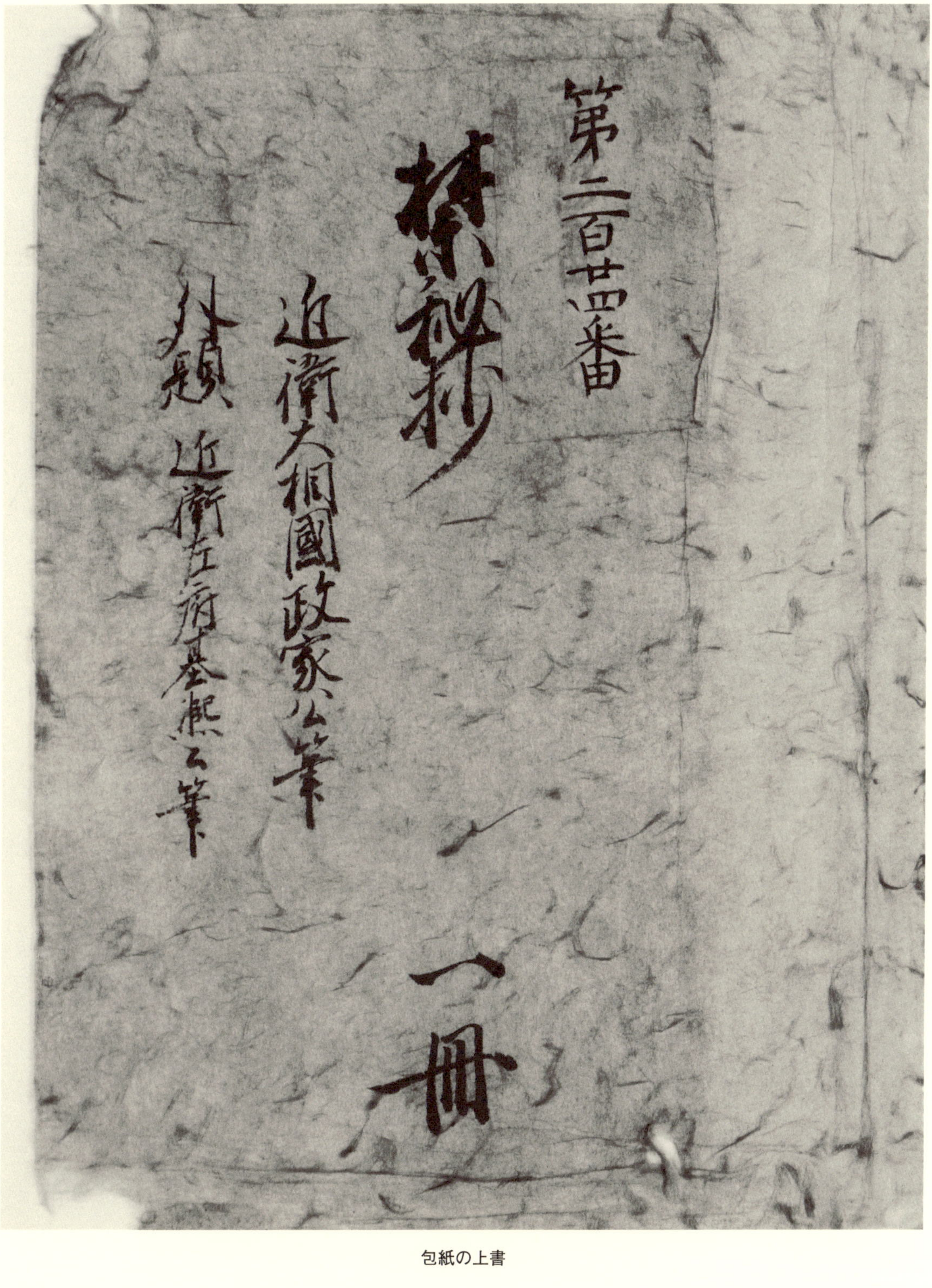
第二百廿四番
禁秘抄
近衛大相國政家公筆
外題 近衛左府基熙公筆
一冊

包紙の上書

綴目附近難読箇所の接写拡大

111オ（225頁）

53オ（109頁）

尊経閣文庫所蔵『禁秘御抄』解説

詫間　直樹

はじめに

『禁秘御抄』は、第八十四代順徳天皇（一一九七～一二四二、在位一二一〇～二一）の御撰になる有職故実の書である。書名は「御」の字を略して「禁秘抄」と呼ばれることも多い。そこには禁中の故実・作法を中心にして、殿舎のかたちや有様、また恒例の儀式作法、装束、神事・仏事の次第など様々な内容が詳細に書き記されており、中世以降、代々の天皇により尊重されてきた。後水尾天皇がその年中行事書に本書を引用して亀鑑と仰ぎ[1]、明治天皇が講書始において本書の進講を受けたこと[2]などはその現れである。

本書については天皇の原撰本は伝わらず、鎌倉・南北朝時代の古写本も存在が確認できないが、室町後期以降の諸写本、あるいは江戸時代以降の版本や活字本の形で、その内容が今日に伝わっている。そうした中、尊経閣文庫所蔵『禁秘御抄』一冊は、『尊経閣文庫国書総目録』（一九三九年）に「禁秘御抄　二巻　一名建暦御記　順徳天皇御撰　写（近衛政家筆）（冊）一　（函号）七―五五　書政」と著録されているものであり（六六四頁）、この尊経閣文庫本は、室町後期に関白・太政大臣を務めた近衛政家（一四四四～一五〇五）の書写にかかり、現存する最古写本と目されるものである[3]。

『禁秘御抄』の古写本としては、尊経閣文庫本のほかに、桃山時代から江戸時代前期の写本として陽明文庫本（清原家本）、国立歴史民俗博物館本（田中本、高松宮本）、熊本大学附属図書館本（細川幽斎本）、宮内庁書陵部本（榊原本）などがある。

以下、ここでは尊経閣文庫所蔵の『禁秘御抄』につき、書誌の概要及び内容の特徴などについて述べる。ついで『禁秘御抄』の諸本や記載内容等につき、若干の検討を行いたいと思う。

なお本解説の末尾に、尊経閣文庫本の翻刻を掲載する。

一　書名・撰者・成立

「禁秘御抄」は、順徳天皇の御撰であることから「順徳院御抄」、また天皇御治世の年号の一つ「建暦」にちなみ「建暦御記」ともいう。さらに本書の本文冒頭に「禁中事」と題されることからか、「禁中抄」と呼ばれることもある。

「禁秘抄」の書名は、『本朝書籍目録』に「禁秘抄　二巻　順徳院」とあるように、鎌倉時代末期から見え、また南北朝時代の二条良基の『年中行事歌合』の判詞（三十六番・四十番）にも記される。このように、次第に「禁秘抄」の書名が一般的となったものであろう。「禁秘御抄」は、この「禁秘抄」に「御」の字を付して丁重に称したものである。

本書の撰者が順徳天皇であることは、次のような史料から確認される。すなわち、元弘二年（一三三二）頃の成立とされる『徒然草』に「順徳院の禁中の事とも書かせ給へるに」とあること、『光明院御

記』康永四年（一三四五）十一月十八日条に「禁中抄（順徳院御抄）」とあること、『薩戒記』応永三十二年（一四一六）十月二十三日条に「禁秘抄（順徳院御作）」とあること、などである。

順徳天皇は後鳥羽天皇の皇子で、御母は藤原範季の女重子（修明門院）である。諱は守成。建久八年（一一九七）九月十日御誕生（一歳）、正治元年（一一九九）十二月十六日親王宣下（三歳）、正治二年（一二〇〇）四月十五日立太子（四歳）、承元二年（一二〇八）十二月二十五日元服（十二歳）、そして、承元四年（一二一〇）十一月二十五日、兄土御門天皇の譲位を受けて践祚する（十四歳）。同年十二月二十八日に即位礼、建暦二年（一二一二）十一月十三日に大嘗祭（十六歳）が行われ、御在位十二年にわたり、承久三年（一二二一）四月二十日、皇子仲恭天皇へ譲位する（二十五歳）。譲位直後に承久の乱が起こり、朝廷方は敗退、順徳上皇は佐渡へ遷される。そこで二十年余りを過ごされ、仁治三年（一二四二）九月十二日、佐渡において崩御される。御歳四十六。[4] 著作には、本書のほか『順徳院御記』、『八雲御抄』などがある。[5]

本書の確実な成立年代は不明であるが、和田英松氏は、承久元年（一二一九）に起稿し、同三年（一二二一）三月から四月頃に擱筆したものと推定されている。[6] その論拠は次の如くである。

①「賢所」の項に「去々年内大臣穢及禁中時供之、今度諸社祭雖延引、准彼例（寛治八年例）有供物」とあり、『百練抄』によれば、「諸社祭」が延引されたのが承久元年八月四日であること。

②「被聴台盤所之人（入立）」の項に見える「右大臣」は家通であるが、家通は承久元年三月に右大臣に任じられていること。

③「聴直衣事（直衣）」の項に見える「内大臣」は通光であるが、通光も承久元年三月に内大臣に任じられていること。

④「御持僧事（御持僧）」の項に見える東寺の「成実」と三井寺の「良尊」は、『護持僧次第』佐渡院条によれば、いずれも承久三年に護持僧になっていること。

⑤承久三年に承久の乱が起こり、北条義時追討が同年五月のことであるので、それより前の同年三月から四月頃に書き終えたものと考えられること。

これらの点は概ね首肯できよう。ただし日野西資孝氏は、本書の「諸芸能事」の項において、後鳥羽上皇を指して「法皇」と記している箇所があることから、後鳥羽上皇が出家された承久三年七月八日、すなわち順徳上皇が佐渡に遷されたあとにも本書の記述が行われ、完成したのはこれ以降であるという指摘をされている。[7]

なお、伝存する本書の写本は全て冊子本であるが、原撰本の形態は巻子本であったことが日野西氏によって推測されている。すなわち、尊経閣本の「御膳事」（二九丁ウラ）に、

昼御膳ハ已未亥、朝餉御膳ハ午酉歟、イ裏書

と記されているので、元はこの一文が裏書として記されていた可能性が高く、したがって原撰本は裏書を有する巻子本の形態であったと考えるものである。

ところで、本書が撰述された理由、言い換えれば本書の作成契機は明確でないが、従来、内容から推量して、禁中の故実がしだいに廃れていくことを嘆き、いにしえを偲ぶ叡慮から記述されたこと、皇子懐成親王（仲恭天皇、承久三年四月二十日践祚、同年七月九日退位）への譲位を念頭に、天皇としての作法の継承を目的として記し残されたこと、などが指摘されている。後者については、例えば「御装束事」の項に「本鳥ヲトリテ、サキヲ二結分也、是非臣下作法、帝位作法也」と見えること、「内裏焼亡」の項に「主上」の作法を記すこと、また本書において宇多天皇の『寛平御遺戒』が多く引用されることなどからも、その蓋然性は高いものと言えよう。

二　尊経閣文庫本『禁秘御抄』

ここでは、尊経閣文庫所蔵の近衛政家書写本『禁秘御抄』について、書誌、記載上の特徴、伝来等について述べる。

1　形態

(1)　包紙・外箱・内箱

尊経閣文庫本『禁秘御抄』は一冊本で、包紙に包まれ、さらに桐で作られた内箱、外箱に納められている。

本書を包む包紙は、厚手の楮紙二枚が用いられる。包紙一紙の大きさは、縦三五・二cm、横五三・一cmで、これを三つ折にして本書を包んでいる。包紙の上書きには、次のように記される（参考図版参照）。

　禁秘抄　　一冊
　　近衛大相国政家公筆
　　外題　近衛左府基凞公筆

そして、この右側に「第二百廿四番」と記した貼紙がある。

外箱の大きさは、縦三〇・四cm、横二三・四cm、高さ八・五cm（うち蓋の高さ〇・七cm）。箱の側面には「政書(貴)（朱）／第五十五号」と記された貼紙がある。外箱の蓋の表には、

　近衛大相国政家公筆
　禁秘抄　一冊
　外題　近衛左府基凞公筆

と記されている（参考図版参照）。

内箱の大きさは、縦二六・七cm、横一九・六cm、高さ四・五cm（うち蓋の高さ一・八cm）。

箱蓋の表面右上には「史／古筆上」と記された貼紙があり、外箱と同様、蓋の表には、

　近衛大相国政家公筆
　禁秘抄　一冊
　外題　近衛左府基凞公筆

と記されている（参考図版参照）。

ところで、内箱の蓋の裏には、前田綱紀（一六四三～一七二四）に

よる次のような識語が記されている（参考図版参照）。

蓋聞禁秘抄者、
順徳天皇聖作而、其所行于世也、久矣然
諸本互有是非、多誤魚魯亥豕未見（×得）
旧本可証焉、今茲甲子之秋、菅亜相
寄一封書曰、此抄蔵家有年、今為
慰政務之餘閑贈之、乃取読之、則（×言々句）々
聖作之意、不葬（×没）魚魯亥豕之誤、大相国之
善痕、如雲涌龍確、左相府基凞公標題
禁秘抄三字、余復尽不止、遂贅匣諸如夫大相
国者誰、近衛政家公也、年丁貞享初元、律応夷則
蓂生四葉之日
賀陽菅綱紀謹識之、
（×は抹消の文字）

これによれば、「甲子之秋」すなわち貞享元年（一六八四）の秋、「菅亜相」＝権大納言菅原豊長から前田綱紀の許に一封の書と共に「禁秘抄」が贈られたこと、また本書は「大相国」近衛政家（一四四四〜一五〇五）の書写にかかり、標題（外題）の「禁秘抄」の三字は左大臣近衛基凞（一六四八〜一七二二）が記したものであったことが記載されている。上記の包紙・外箱・内箱の各上書きは、これに基づいて記されたものであろう。

（2）本冊

次に本冊の書誌について記す。本冊は一冊本で、装禎は列帖装（列葉装）である。法量は、縦二三・〇cm、横一五・八cmで、料紙は鳥の子紙。表紙は薄茶色表紙で、花と草葉の浮かし紋様が施されている。表紙左上に外題を記した題簽が貼られる。題簽には縦一四・六cm、横三・〇cmの金色紙が用いられ、近衛基凞の筆にて「禁秘鈔」と墨書されている。なお、題簽の下方には波の紋様が付されている。

本書は列帖装の装禎ゆえ、七括を合わせて一冊にしている。七括を構成する各一括は、縦二三・〇cm、横三一・二cmの紙を半分に折り、これを十四枚もしくは二十枚重ね、それぞれ中央を綴じ糸で括って作成している。七括のうち、第一括と第七括は十四枚で、第二括から第六括までは二十枚である。また第一括から第七括まで、各括ごとに右上に小書で「一」から「七」までの番号を付している。

なお、政家による書写は、綴じ糸で括る前で、料紙を重ねた状態で行われたものとみられる。というのは、文字の墨が前頁の下に入っている箇所（三一丁ウラ、五三丁オモテ、八八丁オモテ、九二丁オモテ、九三丁オモテ、一〇九丁ウラ、一一一丁オモテ・ウラ、一一二丁オモテ、一一四丁ウラなど）や、逆に前頁の上に墨が及んでいる箇所（四九丁ウラなど）が存するからである。また五三丁オモテや一一一丁オモテなどは、ノドの部分に文字があるが、現状では判読が困難な状態になっている（参考図版参照）。

本文の料紙には、全体的に虫損が若干存する。文字については朱書はないが、目録及び各項目ごとに概ね朱点が施されている。末尾に近い紙には、見開き中央の下部分に湿損による汚れがあり、書写された文字が薄く消えかかっている箇所がある。

本書の筆跡は、陽明文庫所蔵の近衛政家自筆日記『後法興院記』[8]と同筆であり、また本書末尾の花押も政家自身のものと認められることから、本書は政家の書写にかかる写本とみて誤りない。

本書には奥書として、「此抄　順徳院製作也、（朱印）《政家》」及び「不可他出者也、（花押）《政家》」が記される。書写年次を示す奥書がなく、また『後法興院記』の中にも「禁秘抄」に関わる記事が見出せないので、正確な書写の時期を把握することはできないが、本書が政家自身による書写であることから、政家が没する永正二年（一五〇五）以前に写されたことになる。

2　近衛政家書写本の特徴

近衛政家による本写本には、以下のような特徴が確認される。

ア　全体が上巻と下巻に分かれており、二巻構成を採っている。すなわち、上巻には「賢所」から「女嬬」まで、下巻には「詔書」から「虫」までの項目を納める。そして上下それぞれの冒頭に目録を置く。『禁秘御抄』（禁秘抄）の構成は、こうした二巻のほか、上中下の三巻に分けるもの、あるいは全く巻を分けないものの三種類が存在する。いま当本の目録に記す項目名に基づいた上下二巻の分割と三巻本の分割を一覧にしたものを末尾に【表1】として掲げる（各項目には便宜通し番号を付した）。項目の内容から判断する限りは、下巻の始まりが「詔書」となる上下二巻本の方がまとまっており、三巻本は「御膳」と「御服」の間、「御匣殿」と「尚侍」の間といういかにも不自然な箇所で分割している。なお、群書類従本は二巻、慶安の版本は三巻の構成を採っている。この是非は、後述する諸本の検討後に改めて触れる。

イ　半丁には原則七行ずつ記される。しかし、上巻「草木」の項の最後の丁（二二丁ウラ）は二行しか記されておらず（五行分の空白あり）、次の「恒例毎日次第」の項目は改丁されて書写されている。日野西氏は、このことを一つの根拠として、本書は内容的に本来ここで分かれていたものと推測している。

ウ　流布本に比べて改行箇所が多い。日野西氏は、こうした改行の多いことをもって、本書がより原本の形態に近いものかとする。

エ　目録と本文の項目名に朱点が施されている。両者の朱点は概ね対応するが、若干の例外も存する。すなわち、朱点が目録にあって本文にない項目には、上巻の「所衆」、「凡僧」、下巻の「詔書覆奏」があり、逆に朱点が目録になく本文にある項目には、上巻の「臨時神事」がある。この場合、そもそも目録自体に「臨時神事」の項目が立てられておらず、目録では「神事」として一括されている。また、目録に採用されていない小項目で朱点が付されているものもあり、上巻の「女房」の中の小項目たる「小上臈」「中

﨟」「下﨟」などがそれに当たる。「小上﨟」の前には「上﨟」の小項目もあるが、何故か、ここには朱点がない。

オ　目録に対応する本文の項目名には概ね「一」の字が冠されている。しかし、上巻の「所衆」（本文では「同衆」）、及び下巻の「詔書覆奏」、「御修法」、「御読経」、「交易御馬御覧」には「一」が記されていない。

カ　本文中、年号の横に天皇名の傍書が多く付されている。

キ　上巻には「〇〇事」などの首書が所々に存し、計三十箇所に及ぶ。ただし、下巻には首書がない。

ク　一方、下巻には頭書が二箇所みえる。すなわち、「御物忌」の項には最初の段落の上（一〇一丁オモテ）に、

堅固時閇諸門歟、匡房記、犬狩有便之由、注之、

とあり、また「御祈」の項には「御読経二間……」の段落の上（一一二丁ウラ）に、

古人説不及卅日〔曰〕、御読経ハ毎事蔵人方沙汰也、天慶地妖之時最行之、

とある。こうした頭書は他の写本にはみえない。なお、前者の頭書の内容は、本文の「物忌」の項の文章と一部同じである。日野西氏は、首書と頭書は原本にはなく、ともに後人の追記かとする。しかし、少なくとも近衛本では首書・頭書の筆跡は本文と同筆であり、近衛政家が書写した元の本には、こうした首書・頭書が記されていたとも考えられる。

ケ　別の写本（「イ本」）による校訂の記述が所々に存する。今その状況を把握するため末尾に**【表2】**としてまとめた。現在のところ、このイ本の文字と全て一致する写本は見出せていないので、イ本を特定することは難しい。ただ群書類従本が最もイ本の文字に近く、また後述するように、今は伝存が不明の三条西本の可能性もある。

コ　慶長年間の写本辺りから多く見えるようになる訓点のうち、返り点はなく、振り仮名も数箇所しか付されていない。

3　書写者・伝来等

既述の如く、当本の書写者は近衛家第十三代当主の近衛政家（一四四四〜一五〇五）である。号を後法興院と称する。政家は応仁・文明の乱に際し、『御堂関白記』を始め近衛家に伝わった大量の古記録・古文書・典籍を戦火の災いから避けるため、早くより京都北郊の岩倉などに移納していた。政家自身の日記も『後法興院記』として、自筆原本三十巻が陽明文庫に所蔵されている。記録期間は文正元年（一四六六）から永正二年（一五〇五）の四十年間に及ぶが、このうち文明元年（一四六九）から同十年までの十年間は欠けている。[9]

本書の伝来については、先に掲出した内箱の蓋の裏に記された前田綱紀の識語によれば、次のようになる。

近衛家（政家〜基凞）→ 菅原家（高辻家）→ 前田家

近衛家では政家以後代々の当主がこれを受け継ぎ、江戸中期、基凞

の代に至り、基熈自ら当本に外題を記した。その後、一旦菅原家（高辻家）を経て、貞享元年（一六八四）、菅原豊長から前田綱紀に贈られたのである。これは、前田綱紀の『桑華書志』（尊経閣文庫所蔵）第五十七冊に「禁秘鈔　一巻／徒然草云、順徳院の禁中の事とも書せ給へるニも、公の奉り物云々」と記されるものに相当するものかと思われる。

高辻家と前田家の関係については、近藤磐雄『加賀松雲公』中巻（一九〇八年）に「高辻家公と同族の故を以て、大納言豊長卿以来特に公に親し。公屢々訪書の事を托せらる」（二一一頁）、「高辻家は菅原家の本宗にして、累代文章博士に任じ、侍読を兼ぬるを例とす。徳川氏の世、家道豊かならず、伝来の旧記概ね散逸す。松雲公大に之を慨き、享保五年（一七二〇）、総長卿の為めに文庫を修築し、土地其他一切の資途悉く之を弁ぜらる」（二五四頁）などと記されるように、大変密接なものがあった。

前田綱紀は近衛政家本『禁秘御抄』を入手したあと、これを「八庫」（八棟の書庫）のうちの一つである「秘閣群籍」と称する書籍群に入れて収蔵していた。その目録とみられるものの一部が伝存しており(10)、それによれば、「秘閣群籍甲第四番」の中に、他の典籍名と並んで、

禁秘抄　近衛大相国政家公筆／外題近衛左府基熙公筆　一冊

と記されている。「秘閣群籍」は綱紀の蔵書の中でも特に重要と判断された書籍類なので、『禁秘御抄』に対する綱紀の扱いの程が理解できる。

なお、同じ「秘閣群籍甲第四番」の中には「仁和寺御室御物実録　菅原文時卿御筆／外題菅原豊長卿親翰」も見えるが、この「仁和寺御室御物実録」の外題は菅原豊長の筆によるとの注記がある。上述の如く、近衛本『禁秘御抄』は菅原豊長より前田綱紀の許へもたらされたので、菅原家から前田家への「秘閣群籍」に入るような重要な書籍の移動が『禁秘御抄』だけではなかったことが知られる。

ところで、静嘉堂文庫に所蔵される慶安五年（一六五二）版本『禁秘抄』の中に、近衛政家本と校合した本と対校し、その校異を記すものがある（一冊、山田本、七八―四七）。これは、版本を用いて宝暦七年（一七五七）に淡路守源夏時が書入れを行ったもので、冒頭に「墨　近衛政家公考」とあり、また本奥書に「此墨書入者、御厨子所預宣〔宗〕恒朝臣本一校了、件本以近衛関白政家公御自筆令拾合処也、／元禄八年九月五日　羽林郎　判」と記されている。すなわち、この版本の校訂に当たっては、近衛政家自筆本により校合を行った御厨子所預宗恒朝臣本を用いて一校を加え、文字の異同を墨にて書き記しているのである。このことから、元禄八年（一六九五）以前において近衛政家本『禁秘御抄』が紀宗恒本の校合に利用されていることがうかがえ、注目すべき事柄と言える。

なお、陽明文庫本所蔵の『禁秘抄』の中で近衛政家書写本『禁秘御抄』と同系統の写本としては、後述する二冊本（近―八九―三七・三八）があるが、これは政家本そのものの写しではないようである。

一方、群書類従本は、上下二巻の構成で、上巻の冒頭と下巻の冒頭のそれぞれに目録（項目の目次）を記すところなどは、近衛政家本の構成と同じである。[11]

三　三条西本『禁秘抄』について

尊経閣文庫所蔵の『禁秘御抄』が近衛政家自筆の写本で、永正二年（一五〇五）以前の古写本であることは既述したとおりである。しかし、昭和三十年代初めまでは、それよりさらに古い写本が伝わっていた。現在は伝存不明なるも、三条西家旧蔵本がそれである。

反町茂雄編『弘文荘待賈古書目』第三十号（昭和三十二年発行）には、

五七　禁秘抄　三条西家本　順徳天皇御撰　鎌倉末期古写本　二帖

と記し、反町氏による三条西本「禁秘抄」の解説が付され、また「上巻巻首」と「下巻末奥書」の写真各一枚が掲出されている（図版参照）。その解説によれば、本書は枡形本（一五・二㎝×一六・四㎝）で、純白の鳥の子紙、粘葉装。八行、十四、五字内外で、少し行体を交えた楷書体。上巻は巻首三枚欠で六十五枚、下巻は巻首一枚欠で四十三枚が現存し、まれに校合のあとがあるという。また下巻末の奥書には、

本云、

禁中鈔二巻　順徳院御抄云々、

正和五年五月十九日申出

内裏御本蜜々書写之、

可秘々々々、

と記される。反町氏はこの奥書につき、本奥書を「禁中鈔二巻　順徳院御抄云々、」までとし、「正和五年」以下を書写奥書と見る。また紙質、

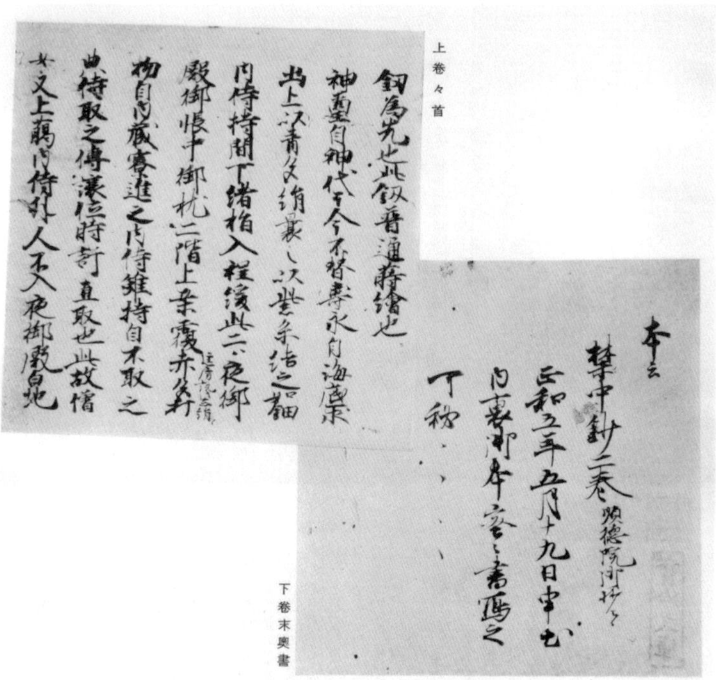

三条西本『禁秘抄』『弘文荘待賈古書目』第30号（昭和32年）より転載

書風、墨色なども勘案して、当本を正和五年（一三一六）に写された鎌倉末期の古写本と考えられた。しかし、これは以下の諸点から再考を要する。

1　右の奥書は、全体が本奥書と解されること。

2　下巻表紙裏に近衛政家と覚しき花押があること（反町氏の解説による）。

3　『実隆公記』文亀元年（一五〇一）閏六月二十九日条に「真光院僧正、禁秘抄上下小双帋花町宮弾正尹邦省親王筆、被恵之、秘蔵自愛此事也」と記されていること。[12]

このうち3に見える「真光院僧正」とは仁和寺真光院の僧正尊海（一四七二～一五四三）であり、この記述から、三条西実隆は尊海より「禁秘抄上下小双帋」を贈られたこと、それは邦省親王（一三〇二～一三七五、後二条天皇の皇子）筆による写本であったことがうかがえる。『実隆公記』の割注に記すように、これが邦省親王自筆本であるならば、奥書にある正和五年の時点で親王は十五歳であるが、そうした年齢での筆跡とは考えにくい。親王の壮年もしくは晩年の写しと考えるならば、南北朝期まで下ることとなる。

また2については、現在この三条西本の存否が確認できないため推測の域を出ないが、尊経閣文庫本を書写した近衛政家その人が、三条西本にも花押を残していたとするならば、それは非常に示唆的である。すなわち、永正二年（一五〇五）に没する政家が、生前、いつかの時点で、この三条西本を所有していたとも考えられるからである。もしそうであるならば、政家が対校に用いた「イ本」とは、この三条西本であった可能性もあるであろう。ちなみに三条西本の奥書では、流布本に「五月十五日」、「禁裏御本」とあるところが、それぞれ「五月十九日」、「内裏御本」となっている。

さて、文亀元年に『禁秘抄』が三条西家に入って以降、同家において、『禁秘抄』をめぐる活動としては次のようなものがある。まず永正十六年（一五一九）二月、三条西家において「禁秘御抄」抜書が付された『江次第抄』が書写された（尊経閣文庫所蔵、一冊本）。この写本では、全二八丁のうち、二〇丁オモテ中央に「三／江抜／禁秘抜」と記し、二一丁の首に「禁秘抄抜」と標題される。[13]実際にここで抜書きされた『禁秘抄』の記事は「賢所」の項から「祈雨」の項までに及ぶが、それぞれはごく部分的な引用にとどまるものであった。また、永禄五年（一五六二）五月二十四日には、三条西公条が正親町天皇に召され、『禁秘抄』の進講を行っている（『御湯殿上日記』）。

このような活動は、実隆の時に三条西家に入った『禁秘抄』に基づいて行われたものであったと推察される。

その後、江戸時代に入り、三条西本『禁秘抄』については、尊経閣文庫所蔵『書札類稿』に記述がみえる。その第七冊・第八冊の「三条西蔵書再興始末記」には、元禄十五年（一七〇二）より宝永元年（元禄十七年、一七〇四）に至るまでの前田家と三条西家との各種典籍のやり取りの様子が記されるが、その中には、次に列記するように「禁中抄」もしくは「禁秘抄」の書名が散見されるのである。

〇元禄十六年（一七〇三）六月二十九日書状（前田家から三条西家へ）

覚

執政所抄　巨霍上下二巻

順徳院御抄**禁中抄**　一冊　但二巻也、墨付八十四、

〇同年八月二十五日書状（前田家から三条西家へ）

一、**禁中抄**

此御抄板行仕候得共、証本ニ而御書写被仰付候と相見、訓点委敷御座候、尤転写之誤者有之候得共、是程明細なる傍訓、終ニ見及不被申候間、此方ニ而裏打・表紙等申付、可被致返遣候、

〇同年九月七日書状（前田家から三条西家へ）

一、**禁中抄**

板行之本より訓点宜ニ付、裏打・表紙被仰付可被遣事、

〇同年十一月二十七日書状（前田家から三条西家へ）

一、**禁中抄**・鷹百首者修覆相済申候得共、相残書物……先**禁中抄**・鷹百首者、今年中可致返納候、

〇同年十二月十九日書状（三条西家から前田家へ）

一、**禁中抄**・鷹百首者御修覆出来候得共、残所と一所……

〇元禄十七年（宝永元）三月十八日書状（前田家から三条西家へ）

一、日本後紀・執政所抄・**禁中抄**等返付、以便宜差出可申候条、

其節委置可申入与飾事令省略候、恐々謹言、

〇同年五月十三日書状（前田家から三条西家へ）

目録

禁秘抄　二冊

日本後紀　六冊

執政所抄　二巻

注進仮御殿遷宮雑事等日記　一巻

室町殿御拝賀記　二葉

右、修覆出来候付而致進覧之候、……

一、**禁中抄**之外題紙二枚差遣候、……

〇同年六月四日書状（三条西家から前田家へ）

覚

禁秘抄　二冊

日本後紀　六冊

執政所抄　二巻

注進仮御殿遷宮雑事等日記　一巻

室町殿御拝賀記　二葉

右、修覆出来候付、御返還慥被致落手候、……

これらの書状によれば、元禄末年当時、前田家では三条西家から『禁秘抄』『日本後紀』『執政所抄』などの典籍を借り受け、裏打ち、表紙の補修などを行った上で、元禄十七年六月までに三条西家に返却したことがうかがえる。

それより、これらの典籍は三条西家において代々伝えられてきたが、戦後すぐに『禁秘抄』は他の史料と共に三条西家から売却され

流出することとなり、昭和二十二年五月に弘文荘に入った（反町茂雄『一古書肆の思い出（三）』平凡社、一九八八年、一〇五頁）。そして同年十二月、日本橋高島屋で開催された古書即売会において本書が出品され（『同書』三三三・三三五頁）、『禁秘抄』は平泉澄氏に納められたという[14]（『同書』一〇五頁）。平泉氏は昭和五年に『後法興院記』を校訂・刊行しており、早くから近衛政家の日記等には精通していた人物である。したがって同氏が三条西本にある花押を政家のものと認定した可能性もあろう。

しかし、一旦昭和二十二年に平泉氏の所蔵となった三条西本が、十年後の昭和三十二年に弘文荘の目録に再び掲出されているということは、何らかの事情で平泉氏がこれを手放し、弘文荘が再び買い戻したことになろう。

なお、反町氏は記していないが、先掲の三条西本の奥書写真によれば、「宝玲文庫」の蔵書印がうすく鏡文字として読み取れる。すなわち、三条西本はある一時期、フランク・ホーレー氏（一九〇六〜一九六一）が所蔵していたということになる。このホーレー氏による所蔵の時期は明らかでないが、昭和三十二年発行の『弘文荘待賈古書目』に当本が出ているので、少なくともこれ以前である。先述の如く、戦後すぐに三条西家から弘文荘へ、また昭和二十二年に弘文荘から平泉澄氏へ渡ったことを踏まえると、

三条西家→弘文荘→平泉澄氏→フランク・ホーレー氏→弘文荘

という流れを想定することもできよう。

四　諸本と構成

ここでは上述の尊経閣文庫本及び三条西本以外の諸本について、主なものを取り上げる。『禁秘御抄』の諸本につき、これを構成上から分類すると、上下二巻本、巻次の区別のない本、上中下三巻本、の三つに分けることができる。以下、それぞれについて見ていくこととしたい[15]。

まず上下二巻本について。尊経閣文庫本・三条西本も二巻本であったが、その他にも次のような写本がある（便宜、各写本にAからTまでの記号を付す）。

A　陽明文庫本（二冊、近—八九—三七・三八）

第一冊が上巻、第二冊が下巻に相当。外題は題簽で「禁秘抄」と記す。両冊ともに表紙の左下に「青松」と見える。また両冊それぞれの末尾には天正十四年（一五八六）に校合を行ったことが記され、そこには「国賢」の印が捺される。これは清原国賢（一五四四〜一六〇七）で、「青松」はその号である。

奥書は第二冊にある。そこには、正和五年（一三一六）の本奥書はないが、文明九年（一四七七）四月中院通秀の本奥書が記され、ついで文明十六年（一四八四）二月に清原元定が書写・校合を行ったことを記す本奥書もある。したがって、この写本は清原家旧蔵本であ

り、天正十四年以前に書写されたものといえる。その後、時期は不明であるが近衛家に入った。

目録は上下に分けて書かれ、上巻は「一」～「四十五」、下巻は「一」～「四十六」の通し番号を各条に付している。この通し番号は本文の方にも目録に対応させた形で各条に同様に付している。半丁一〇行。首書があり、訓点がないこと、また上巻の「草木」のあとには一行の空きがあり、次の「恒例毎日次第」は改丁されていることなどは尊経閣本（近衛政家書写本）と同じであり、両写本が同じ系統であることを示している。

B　蓬左文庫本（一冊、一〇八―一五）

巻上の本文冒頭に「御本」の朱印があり、本書は駿河御文庫本に属する。袋綴装の冊子本で、一冊。本文墨付四三丁。法量は、縦三二・一cm、横二二・四cm。表紙は薄青色（縹色）表紙で、外題は「禁秘御抄　完」（打付け書き）、内題は「禁中事」と記す。

目録は冒頭に全部を記すも、上下の区別がなされている。本文でも上下が区別され、それぞれの最初に「禁中事上」と「禁中事下」と表記する。本文の上に所々に頭注があり、本文中、「イ本」との対校を記す。訓点は付されていない。奥書は次のようにある。

本云、

永和三年九月十三日　雨中終書功而已矣、判

韻府注曰凡赦書徳音立后建儲大誅討拝免三公宰相将並用白麻不用即会要唐翰林志云中黄白二麻綸印其後翰林専掌内命中書所出独得用黄麻其白麻皆在北院公式令論奏奉式曰聞注曰御画

すなわち、永和三年（一三七七）九月に書写を終えたとする本奥書と、「韻府注曰」以下の勘物が記される。また、これに続けて上巻の書写の際に脱落した項目（「一、被聴台盤所之人」）を末尾に書き写している。本書に書写奥書はないが江戸初期の写本であり、「永和三年」の本奥書を有する写本の中では最も古いものである。

C　尊経閣本（一冊、七―二二）

袋綴装の冊子本。一冊。書写奥書によれば、本書は延享二年（一七四五）六月に烏丸光胤が写した写本である。法量は、縦二八・八cm、横二〇・四cm。表紙は灰色で青色亀甲紋様が全体にある。外題は「禁秘御抄」で、これは書写奥書を記した烏丸光胤と同筆のようである。内題は「禁秘抄上　建暦御記」とある。本文及び本奥書は別筆で、それぞれ一筆。奥書を含めて墨付一〇〇丁。本文墨付の第一丁表に「前田氏尊経閣図書印」の方形朱印が捺される。

上巻・下巻の目録のあとに、それぞれ他本の細目の目録を改めて記している。目録及び本文ともに朱書による校訂が多くみえる。

本奥書は、

本云、禁中抄二巻　順徳院御抄云々、

正和五年五月十五日、申出禁裡御本、

密々書写之、可秘々々、

文明九年四月、初染筆、五月中旬終写功了、本不審、仍少々雖加推量之、猶以不及料簡之所々有之、以善本可令校合而已、

特進通秀（中院）

とあり、書写奥書は、

右御記、所流布本錯乱狼藉、伝写之誤多、年来嘆思之処、或人
為秘蔵之由、貸与幸遂校合、諸相違甚者也、依是新書写之、雖
然猶不審非少希、以証本再可遂校合而已、
延享二年六月
蔵人頭造興福寺長官右大弁　藤原光胤（烏丸）

と記される。

D　多和文庫本（一冊、四〇—一二）

外題は「禁秘抄（建暦御抄 又禁中抄）」と打付け書きされる。冒頭に「正親町蔵」「香木舎文庫」等の印あり。目録・本文ともに上下二巻に分け、また本文の各項目ごとに概ね「一」の字と朱点がある（ただし目録にはない）。これらの特徴は尊経閣文庫本（近衛政家書写本）と同じである。また本文には訓点が施され、貼紙による勘物が多く存する。奥書は次の如くである。

禁中抄二巻　順徳院御抄云々、
正和五年五月十五日、申出禁裏御本、密々書写之、可秘々々、
文明九年四月、初染筆、五月中旬終写功了、本不審、仍少々雖
加推量写之、猶以不及料簡之所々有之、以善本可令校合而已、
以也足軒中院入道（通勝）付清濁句切点等本一校了、所及愚眼直文字、
改点畢、尚不審多々、追而可校之、

この奥書は、後述するI国立歴史民俗博物館所蔵高松宮本（H—六〇〇—九三二）の校合本の本奥書と同じものである。

次に巻次の区別がない諸本について見ていきたい。

E　国立歴史民俗博物館所蔵　田中本（一冊、H—七四三—三三二）

袋綴装。渋染紙表紙。法量は、縦二六・三cm、横二〇・四cm。外題は「禁秘御抄」と打付け書きされる。奥書には次のように記される。

此御抄借兼満本令書写之、如形馳禿毫之間、不可外見者也、
文亀二年五月　日　　参議右大弁宣秀（中御門）

また丁を改めて末尾に、

此《或本》抄　順徳院製作也、

と記す。本写本には田中教忠氏作成の紙袋が付され、そこには「禁秘御抄　壹冊／文亀二年五月／中御門宣秀卿御手自所写」と記されている。こうしたこともあってか、右の文亀二年（一五〇二）の奥書を書写奥書と判断して、当本は文亀二年に中御門宣秀（一四六九～一五三一）が自ら写した写本とする見方がある。

しかし、これに対してはすでに疑問が出されており、『国立歴史民俗博物館資料目録［1］田中穣氏旧蔵典籍古文書目録［古文書・記録類編］』（二〇〇〇年）二二一頁では「奥書が本奥書で桃山時代～江戸時代前期写の可能性もあり」と記している。また、井原今朝男氏も「紙質・筆勢などからみて古写本ではあるが、中御門宣秀自筆とは判断できないように思う。複数の筆者による筆跡が混在してお

り、分割書写で桃山～江戸前期の古写本とすべきであろう」と述べられている。[16]

当本が中御門宣秀自筆本か否かを判断するためには、井原氏の指摘する「分割書写」以外に、次のような宣秀自筆の史料と当本との筆跡を比較する必要がある。

a　阪本龍門文庫所蔵『中御門宣秀自筆仮名神代巻』[17]

b　京都大学所蔵『勧修寺文書』所収の中御門宣秀日記[18]

これらの中御門宣秀自筆史料と田中本「禁秘御抄」とは明らかに筆跡が異なり（特にaの奥書は田中本と同じく文亀二年のものであるが筆跡は異なる）、少なくとも田中本は宣秀自筆本ではない。ただ、奥書に「令書写」とあるように、宣秀が他者に書写を命じて写本を作成したことが考えられる。しかし、その場合でも奥書にある自身の署名は自筆であってしかるべきと思われるが、署名も含めて奥書の筆跡は本文後半の筆跡と同じとみられるので、その可能性も低いように思われる。したがって、井原氏の指摘するように、当本は分割書写で桃山～江戸前期の古写本としておくのが妥当であろう。なお、筆跡は「神事次第」の途中（一三丁ウラ、三行目までと四行目以降）で分かれるので、二人による写しとみられる。

F　熊本大学附属図書館寄託　細川家北岡文庫（永青文庫）本

（一冊、一〇七―三六―一二）

袋綴装。一冊。目録は冒頭に全部を記し、目録・本文ともに巻次の区別はなされていない。外題は題簽にて「禁秘御抄」とある。本文全体に訓点が施されている。本奥書は、正和五年のもの、ついで文明九年のもの（中院通秀）が記され、そのあとに次の書写奥書がある。

此禁中抄、建暦(順徳)上皇御製作云々、於愚昧之身強雖非至要、且慕上古之風儀、又為伝末代之後学、借也足軒(中院通勝)之本書写校合訖、訓点亦同之、深可禁外見耳、

慶長二年臘(十二月)天下旬　法印玄旨(細川幽斎)（花押）

（また「藪殿筆　奥書玄旨様」と記す貼紙あり）

この書写奥書は「法印玄旨」すなわち細川幽斎（一五三四～一六一〇）の自筆と認められるので、本写本は慶長二年（一五九七）の写しとなる。また当本は、幽斎が中院通勝（一五五六～一六一〇）所蔵本を借りて書写・校合したもので、さらに訓点も同様であるという。中院通勝や細川幽斎の時代に至り、訓点を詳細に付す写本が登場してきたことは注目される。

G　宮内庁書陵部所蔵　榊原家旧蔵本（一冊、一七六―一二六七）

袋綴装。一冊。法量は、縦二七・二cm、横二〇・三cm。元表紙はこげ茶色の表紙で外題はなし（今は後補表紙がある）。前に遊紙一丁。墨付は九一丁。冒頭に全項目の目録を記す。目録において、朱書にて「上巻」（「賢所事」の上）、「下巻」（「詔書」の上）と頭注し、「右或本為上下両巻」（「虫事」の後ろ）と記すが、本文では上下の区別はない（「女嬬事」と「詔書」が続けて記されている）。また本文中には朱書はなし。しかし、目録・本文の全編にわたり訓点（返り点・振り仮名

等）が施されていることが大きな特徴である。目録・本文・奥書すべて一筆とみられる。

奥書は、本奥書として、

本云、

禁中抄二巻　順徳院御抄云々、

正和五年五月十五日申出

禁裏御本、密々書写之、可秘々々、

文明九年四月初染筆、五月中旬終写功了、本不審、仍少々雖加推量写之、猶以不及料簡之所々有之、以善本可令校合而已、

雅《（ママ）》進通秀

とあり、ついで次の奥書が記される。

此禁秘御抄者、十輪院《（中院通秀）》禅槐之御筆也、仰而可秘之、而先年此抄訓点之事、於丹陽幽斎《（細川）》懇望於予、雖非無斟酌、強難遁避之間、内々如此本、是又借他人之手、写置彼訓点者也、仍其誤多端、後悔無益、誠冥鑒之恐多之者也、且為陳謝其罪、聊記之、

慶長第八、七月廿九日　　也足子素然《（中院通勝）》

この奥書は「也足子素然」すなわち中院通勝が慶長八年（一六〇三）に記したものとみられなくもないが、「也足子素然」の左横に「吏部大卿忠次」と陽刻した紺色の長方形印と「文庫」の二字を陰刻した朱の円形印とが捺されているので、榊原（松平）忠次（一六〇五〜一六六五）の頃に同家において書写されたものと考えられる。

H　今治市河野美術館所蔵本（一冊、一二四―六四二）

外題は「順徳院御抄　全／号　俗禁秘抄」と打付け書きされる。目録は冒頭に全部を記す。巻次の区別なし。本文の各項目ごとに「一」を付す。本文には訓点が施される。本奥書は本文とは別筆にて、正和五年のもの、ついで文明九年のもの（中院通秀）が記され、続いてF北岡文庫本の書写奥書と同文の、

此禁中抄、建暦上皇御製作云々、於愚昧之身強雖非至要、且慕上古之風儀、又為伝末代之後学、借也足軒《（中院通勝）》之本書写校合訖、訓点亦同之、深可禁外見耳、

慶長二年臘月天下旬　　法印玄旨

が本奥書として記される。そしてこのあとに「延享季冬中旬拝領泰継（花押）」とある。よって本写本は、細川幽斎の奥書を有する北岡文庫本もしくはその系統の写本であり、延享年間に写されたものである。

I　国立歴史民俗博物館所蔵　高松宮本（一冊、H―六〇〇―九三三）

袋綴の冊子本。法量は、縦二五・〇cm×横二〇・八cm。外題は題簽にて「禁中抄　全」と記す。これは後陽成天皇宸筆という。[19]本文は別筆で、校合及び書入れが多く存する。

奥書には、まず次の本奥書がある。

此御抄借兼満本令書写之、如形馳禿毫之間、不可外見者也、

文亀二年五月　日　　参議右大弁宣秀

ついで、次のような校合本の本奥書と勘物を記す。

点ノ本ニ云、

禁中抄二巻　順徳院御抄云云、

正和五年五月十五日申出禁裏御本、密々書写之、可秘々々、

文明九年四月初染筆、五月中旬終写功了、本不審、仍少々雖加

推量写之、猶以不及料簡之所々有之、以善本可令校合而已、

特進通秀

以也足軒中院入道（通勝）付清濁句切点等本一校了、所及愚眼直文字、

改点畢、尚不審多々、追而可校之、

本云、

永和三年九月十三日　雨中終書功而已矣、判

韻府注曰凡赦書徳音立后建儲大誅討拝免三公宰相将並用白麻不

用即会要唐翰林志云中黄白二麻綸印其後翰林専掌内命中書所出

独得用黄麻其白麻皆在北院公式令論奏奉式曰聞注曰御画

J　陽明文庫本（一冊、近―八九―三六）

目録は冒頭に全部を記し、目録・本文ともに巻次の区別なし。外題は「建暦御記　号禁秘鈔」と打付け書きされる。本文全体に訓点がある。奥書は、本奥書として文亀二年（中御門宣秀）のものが記され、そのあとに校合本の本奥書及び勘物を記す。この奥書及び勘物については、I（高松宮本H―六〇〇―九三三）と同じである。

なお、同じく陽明文庫に所蔵される一冊本『禁秘抄』（近―八九―三九）は、右の奥書のうち、正和五年のもののみを記す。

K　国立歴史民俗博物館所蔵　高松宮本（一冊、H―六〇〇―九三四）

袋綴装。法量は縦二七・四cm、横二〇・四cm。目録は全て冒頭に記す。巻次の区別は目録・本文ともになし。本写本の表紙は寛文十二年（一六七二）書写のL高松宮本（H―六〇〇―八四七）と同一であり、鳥ノ子色地に青丹色で紅葉散の紋様である。外題はなし。訓点を施す。全六八丁。複数人の筆による分担書写である。次の奥書があり、本書は寛永二十一年（一六四四）の書写本である。

（本奥書）

本云、

禁中抄二巻　順徳院御抄云々、

正和五年五月十五日申出

禁裡御本、密々書写之、可秘々々、

文明九年四月初染筆、五月中旬終写功了、本不審、仍少々雖

加推量之、猶以不及料簡之所々有之、以善本可令校合而已、

特　進　通　秀

此禁秘御抄者、十輪院（中院通秀）禅槐之御筆也、仰而可秘之、而先年此抄

訓点之事、於丹陽幽斎（細川）懇望於予、雖非無斟酌、強難遁避之間、

内々如此本、是又借他人之手、写置彼訓点者也、仍其誤多端、

後悔無益、誠冥鑒之恐多之者也、且為陳謝其罪、聊記之、

慶長第八、七月廿九日　　也足子素然　在判

（書写奥書）

此一冊以黄門通純（中院）卿本令書写畢尤／通勝卿自筆本也、為自見染

禿毫／努々不可他見者也、／寛永廿一年十二月一日

L　国立歴史民俗博物館所蔵　高松宮本（一冊、H―六〇〇―八四七）

袋綴装。表紙はK高松宮本（H―六〇〇―九三四）に同じ。法量は縦二七・七cm、横二〇・三cm。外題はない。全体にわたり訓点がある。当本の奥書は霊元天皇宸筆である。左記の書写奥書に記すように、寛文十二年（一六七二）の写しで、本文の書写は霊元天皇ほか廷臣十五名で分担して筆者したものである。[20]

（本奥書）

本云、禁中抄二巻　順徳院御抄云々、
　　正和五年五月十五日申出
　禁裏御本、密々書写之、
可秘々々、

文明九年四月初染筆、五月中旬終写功了、本不審、仍少々雖加推量写之、猶以不及料簡之所々有之、以善本可令校合而已、
　　　　特進通秀

本云、此禁中抄、建暦上皇御製作云々、於愚昧之身強雖非至要、且慕上古之風儀、又為末代之後学、借也足軒之本書写校合訖、訓点同之、深可禁外見耳、
中本、慶長二年臘天下旬、　法印玄旨（細川）在判／同、一校事、

（書写奥書）

右一冊借日野藤大納言弘資卿本写之、其本借中院故大納言通純卿本写之旨也、今以自他之筆写之目録、予（霊元）、次六枚、経光卿、次六枚、定縁卿、次六枚、資茂朝臣、次六枚、通福卿、次六枚、有維卿、次六枚、資熙卿、次六枚、行豊、次六枚、時方、次六枚、宣幸朝臣、次六枚、宗條卿、次六枚、誠光、次六枚、嗣章朝臣、次六枚、公代朝臣、次六枚、宗量卿、次六枚、資廉朝臣、奥有二通又予也、写本ハ全篇弘資卿御手跡令校合了、
　　寛文十二、四、十五

M　国立歴史民俗博物館所蔵　田中本（一冊、H―七四三―三七〇）

袋綴装、渋染紙表紙。法量は、縦二六・三cm、横二〇・七cm。外題「禁秘抄」（題簽）。表紙の右下に田中教忠氏の蔵票を貼る。本文墨付一丁表に「花山」の朱印があり、本書は花山院家旧蔵本である。上中下の区別はないが、目次の「賢所事」の横に「板本上」、「御装束事」の横に「板本已下中」、「尚侍事」の横に「板本已下下」と朱筆するので、版本と比較した形跡がある。

本文は一筆とみられる。また全編にわたり訓点を施し、朱による対校を所々に記す。半丁一〇行。本文一〇丁と一一丁の間に「大僧正成宝」「大僧正 道尊」についての勘物の如き七月二十五日付の書状（年不詳）を挟む。奥書は正和五年及び文明九年の本奥書のみで、書写奥書はない。その奥書部分では、「禁中抄三巻」の「三」や「順徳院製作也」の「製作也」などを朱書しており、他本と校合したあとがある。

N　宮内庁書陵部所蔵　伏見宮本（一冊、伏―二九八）

冒頭に目録がなく、すぐに「禁中事」以下の本文が記される。本文に巻次の区別はない。冒頭と末尾に延暦寺の朱印があることから、

延暦寺旧蔵本とみられる。本奥書は文亀二年のもののみが記され、中御門本系統の写本である。書写奥書はないが、料紙、書風から江戸前期頃の写本とみられる。

O　名古屋市鶴舞図書館所蔵本（一冊、河―キ―七六）

外題は題簽にて「禁秘抄　全」と記す。目録は全て冒頭に記し、巻次の区別は目録・本文ともになし。奥書には、本奥書として正和五年・文明九年（中院通秀）・慶長八年（中院通勝）のものを載せる。ついで書写奥書として、

京極宮御蔵本奥書

此禁中抄、建暦上皇……／慶長二年　法印玄旨／一校了

以京極宮御蔵本細川玄旨法印之／校正之御本、朱点、句読□／

安永四年乙未七月八日　神村信九郎

と記すように、本書は京極宮所蔵の写本（細川幽斎本系統）の転写本で、安永四年（一七七五）の書写である。

次に構成を上中下の三つに分ける三巻本の写本について主なものを挙げる。

P　国立公文書館所蔵　旧浅草文庫本（三冊、一四四―三三四）

袋綴装の冊子本。三冊。法量は、縦二八・八㎝。横二〇・七㎝。うす青色表紙で、外題は題簽にて「禁秘抄　上」などと記される。各冊冒頭に「浅草文庫」の長方形朱印等が捺される。全編にわたり諸本との校訂を詳細に書き記している。ここで用いた諸本とは、左記の奥書に記すように、二条政嗣本・細川玄旨本・中御門宣秀本の三本である。こうした校訂注を書き込むため、行間に余裕を持たせ、半丁は五行にて写されている。当本は書写年次が明らかではないが、江戸前期頃の写本とみられる。

構成は、第一冊が巻上で「賢所」から「御膳事」、第二冊が巻中で「御装束事」から「御殿別当事」、第三冊が巻下で「尚侍事」から「虫事」を収める。ここで留意されるのは、こうした三巻の分割が慶安版本と同じであることである。各冊とも巻首に目録を記し、ついで本文を記す。そして第三冊には次のような奥書がある。

右校合之三本

二本ハ　二条政嗣本

玄本ハ　細川玄旨本

此中ニ「中本」（朱書）ト有之ハ、中院本

中御本ハ　中御門宣秀本

右三本之奥書

二条本

右鈔書写事、蒙鳳命之儼、染兎毫之拙、雖遂再校、猶多訛謬者哉、于時文明十一載応鐘上澣記之、　従一位政嗣　上

玄旨本

此禁中抄、建暦上皇御製作云々、於愚昧之身強雖非至要、且慕上古之風儀、又為伝末代之後学、借也足軒之本書写校合訖、訓点亦同之、深可禁外見耳、

慶長二年臘天下旬　　法印玄旨　在判
一校畢

中御本

此御抄借兼満本令書写之、如形馳禿毫之間、不可外見者也、
　文亀二年五月　日　　参議右大弁宣秀

右之三本、共ニ上下巻ニ分チ、賢所ヨリ女嬬マテ上巻、詔書ヨリ下巻也、

玄旨本ニ云、

詔書ヨリ下巻ト有之、上ハ賢所、下ハ詔書ヲ為首題、相分上下巻、有或本、若相叶禁中抄二巻、其理乎、惣而此御抄区々別々而不知是非、如何之、

右の奥書によれば、当本が校合のために用いた二条政嗣本・細川玄旨本・中御門宣秀本の三本は、いずれも上下二巻本であったという。現在、二条政嗣本については明確な写本は伝わっていないが、宮内庁書陵部所蔵の鷹司本（二六六―七七〇）の本奥書によれば、寛永二十一年（一六四四）に摂政二条康道が書写したとあるので、この鷹司本が二条政嗣本の内容を伝えている可能性がある（ただし鷹司本は巻次の区別なし）。また、細川玄旨（幽斎）本たるF北岡文庫本、中御門宣秀本の写本たるE田中本にも上下の巻の区別が見えないが、G榊原家旧蔵本のように、二巻本と対校し、上巻・下巻の区別を付記した写本もあることから、二条本・細川本・中御門本もそのような写本が存在し、校合に用いたということは考えられよう。

Q　尊経閣文庫所蔵本（一冊、七―一九四）

上・中・下三巻の写本。袋綴装の冊子本。法量は、縦二七・三cm。横一九・八cm。表紙は薄青色表紙で、外題は題箋にて「禁秘鈔」と記す。奥書によればこの外題は近衛基凞筆という。確かにこの筆跡は、近衛政家書写本の外題と同じ筆跡と判断される。本文は基凞とは別筆である。本文墨付一〇〇丁。本文第一紙オモテに「石川県勧業博物館図書室印」の長方形朱印あり。訓点（返り点、送り仮名、振り仮名）を全体にわたって記す。また項目ごとに朱で圏点を付す。奥書には「以就奥村徳輝所献也、於標題者、近衛左相《(基凞)》府被染健毫云」などと記され、これは前田綱紀の筆とみられる。当本も近衛政家書写本と同じく、江戸時代中期、近衛家から前田家に入ったものである。

R　早稲田大学図書館所蔵　平田本（一冊、イ四―二四七八―四〇）

上・中・下三巻の写本。巻の分け方は版本に同じ。外題は「禁秘御抄　全」と打付け書きされ、上巻目録の冒頭に「吉亭軒」の丸朱印と「吉亭軒外史印」の方形朱印が捺される。訓点あり。また一部朱書あり。本文はほぼ楷書に近い字体で写されている。本奥書として、永和三年のものと文亀二年のものが記される。書写奥書はないので当本の書写年次は不明であるが、印記が外記平田職顕（一七九〇～一八三四）のものゆえ、およその時期は推定されよう。

S　刈谷市中央図書館所蔵　村上文庫本（二冊、四五八七）

上・中・下の三巻本の写本で、全二冊。第一冊が上巻及び中巻、第二冊が下巻の内容となる。上・中・下の分け方は版本と同じであ

る。目録及び本文項目にそれぞれ通し番号を付す。本奥書には正和五年のもの、文明九年中院通秀のもの、文明十一年二条政嗣のもの、文亀二年中御門宣秀のものが記され、そのあとに享和二年（一八〇二）の竹村通央（一七八三〜一八五三）の書写奥書がある。

T　宮内庁書陵部所蔵本（一冊、一七五―四四〇）

これは慶安五年の版本に伴信友・信近父子が自らの手校を書き入れたものである。末尾には信友の筆にて、文明十一年二条政嗣、文亀二年中御門宣秀の本奥書が記され、ついで信友・信近の奥書が次のように存する。

右禁秘御抄、以壺井義友校本並書入及諸家校本、又通秀公御本、又別本等、数回校合、

文化六年歳次己巳六月於平安書了、　追々随見聞加書入、

伴信友（花押）

（朱書）「延暦寺本以朱一校完、　文政六癸未年二月二十九日

信友」

墨書入御厨子所預紀宗恒并宗直、朱書入貞丈主校正本也、

嘉永五壬子年十一月十日　信近

すなわち、信友は壺井義友ほか諸家の校本、及び中院通秀奥書本、延暦寺旧蔵本などにより数回校合を加え、また追々私按を書き入れた。さらに信友の子信近は、紀宗恒・同宗直・伊勢貞丈らの校本によって追加の書き入れを行ったのが当本である。[21]

以上、やや長きに及んだが、諸本について巻次構成別に概観した。これにより、構成の変遷の確認、及び写本系統の整理を行うと次のようになる。

〔構成の変遷〕

各写本の成立年次と構成とを合わせ見ると、尊経閣文庫本・三条西本を始め古写本の多くは二巻本の構成である。上述の如く、内容から見ても「詔書」以下を下巻とする分け方は整合性があり、また『本朝書籍目録』に「禁秘抄　二巻　順徳院」とあること、奥書のうち最も古い年次を有する正和五年（一三一六）の本奥書に「禁中抄二巻」とあることなどから、原撰本もしくはそれに近い古写本は、二巻の構成であったと考えられる。

ついで文亀二年（一五〇二）中御門宣秀書写本に由来する田中本、慶長年間の細川幽斎本、高松宮旧蔵本など、巻次の区別をしない（全体を一括して扱う）写本が現れる。ただし、国立公文書館所蔵の旧浅草文庫本（三巻本）が校合に用いた二条家本・細川幽斎本・中御門本いずれもが上下二巻であると奥書に記すことからすれば、そうした巻次の区別がない写本でも、二巻本を参考にして上巻と下巻に分ける試みもなされたのではないかと思われる（榊原家旧蔵本など）。

こうした状況の中、江戸時代前期に至り、上中下三巻の構成を取る旧浅草文庫本のような写本が出現する。そして慶安五年（一六五二）の版本において三巻本の形で刊行されるに至り、写本でも三巻

の構成を取るものが次第に多くなってくるようになる。二巻本が本来的なあり方と考えられる中で、何故三巻本が登場してくるのか。今のところその明確な理由は不明であるが、例えば旧浅草文庫本のように、諸本を用いて校合した結果をより詳しく書き記そうとすると、当然全体の分量が増えてくるので、巻次の区別がない写本を便宜的に三分冊するようなこともあったのではなかろうか。旧浅草文庫本と慶安版本とが三巻の分け方において一致すること、元禄年間成立の註釈書『禁秘抄考註』はそれ以前の三巻本（写本・版本）と違った分け方で上巻・中巻・下巻に分けている[22]ことなどから、そうした可能性も考えられよう。

〔写本系統の整理〕

日野西資孝氏によれば、現存流布本の系統は大別して次の三つに分けることができるという。

a　正和本系（中院本系）

正和五年（一三一六）書写本を祖とするもので、文明九年（一四七七）中院通秀の手を経て中院家に伝わった系統。後世、主要な流布本となる。

b　永和本系

永和三年（一三七七）書写本を祖とする系統。目録及び各項目の表記が簡易化されている。この系統の写本は、やや純粋な姿を残しているという。

c　文亀本系（兼満本系、中御門本系）

吉田兼満本を祖とする系統で、文亀二年（一五〇二）中御門宣秀が兼満本を書写して以降流布したことから中御門本系とも言いうる。

本節で取り上げた諸本も、概ねこの三つの系統のいずれかに属するものであり、a正和本系統としては、A・C・D・F・G・H・K・L・M・O・P・Q・S・Tが該当する。またb永和本系統としては、B・Rが該当する。さらにc文亀本系統としては、E・I・J・N・Rが該当する。Rの早稲田大学図書館平田本は、永和と文亀の二つの本奥書を併記するので、b系統とc系統の両方に入る。

一見してa系統の写本が多く、逆にb系統が少ないが、近衛政家書写の尊経閣文庫本は年次を有する奥書がないものの、系統的にはbに属するようである。また伝存不明の三条西本はa系統の源流に近い部分に位置する写本である。なお、P旧浅草文庫本において校合に用いている写本のうち、「玄旨本」すなわち細川幽斎書写本は中院家から写本を借りて写したものであるので、当然a系統に入る。一方「二条本」すなわち二条政嗣書写本は、文明十一年（一四七九）に政嗣が後土御門天皇の命により書写し再校を加えたものという。こうした経緯から、二条本は上記a・b・c三系統とはいずれも異なるので、これを別にd二条本系統として独立させるべきかもしれない。二条本の古写本は確認できていないが、寛永二十一年（一六四四）の本奥書を有する鷹司本にその形態をとどめている。

おわりに

最後に、本解説で述べた主な点をまとめておきたい。

○尊経閣文庫所蔵本（近衛政家書写本）『禁秘御抄』は、現存する諸写本の中では最古のものと認められる。

○昭和三十二年頃までは尊経閣文庫所蔵本より書写の古いものとして三条西本『禁秘抄』があったが、現在、その伝存は確認できない。

○『禁秘御抄』の構成については、上下二巻に分ける形が本来的なものであり、版本等で流布する三巻本は江戸時代前期以降に生じた便宜的な分け方であったと考えられる。

○『禁秘御抄』の諸本間の対校は早くより行われていたが、返り点・送り仮名・振り仮名などの訓点が詳細に付されるようになるのは慶長年間以降のことである。その後、諸本による対校が一層進むとともに、江戸時代中期以降、版本等を利用して故実学者等による註釈や内容の研究が進展していった(23)。

近年、『禁秘御抄』の内容についての研究が進展してきており、「諸芸能事」を始め様々な角度から順徳天皇が記した故実の内容が検証されつつある(24)。本解説はそうした内容の検討を目的とするものではないため詳細については機会を改めるしかないが、記載内容の特徴として、従来も指摘のある次の二点のみ付記しておきたい。

・「近代」の使用例が特に多いこと。
・数多くの典籍類が引用されること(25)。

「近代」の記載については、例えば「御装束事」の項において「近代小袖ニ用赤大口、建久以後事也」、「可遠凡賤事」の項において「近代ハ建久以後御小袖赤大口常御皃也」と記されるように、『禁秘御抄』における「近代」とは、建久年間以降の時代を指すものとみられる。順徳天皇の誕生が建久八年（一一九七）であることからすれば、ここでの「近代」は、天皇御在世以来という解釈も可能となる。

また典籍類の引用については、「寛平御記」「延喜御記」「天暦御記」「寛平御遺誡」「寛平小式」「清涼殿記」「江記」「清少納言記」など多様であり、「通俊曰」「俊房公曰」などの口伝も取り入れている。中でも「寛平御遺誡」の引用は他に比べて多く、やはりここに順徳天皇の本書執筆に対する姿勢がうかがえよう。

ここで引用される各種典籍類の内容については、当然のことながら個別に厳密な検証を行った上で利用されるべきである。本解説がそうした作業の一つの前提ともなれば幸いである。

［注］

（1）『後水尾院当時年中行事』に「順徳院の禁秘鈔、後醍醐院の仮名年中行事なといひて、禁中の事どもかゝせ給へるものあり、寔に末の亀鑑なり」と特筆され、十数箇条も引用される。

（2）『明治天皇紀』第一二（吉川弘文館、一九七五年）明治四十二年一月九日条に「鳳凰の間に出御、御講書始を行はせらる、……京都府立第一高等女学校教諭猪熊夏樹、禁秘御抄賢所の条、凡禁中作法より然而不憚之までを進講す」と記される。

（3）所功「『禁秘御抄』の研究史・覚書」（同『宮廷儀式書成立史の再検討』国書刊行会、二〇〇一年、初出一九九二年）では、「尊経閣文庫所蔵の近衛政家書写本が現存する最古の善本かと思われるので、それを底本として、本文に訓点なども加わった諸系統の写本と厳密に校合する基礎的な作業を完成しなければならない」との指摘がある。

（4）順徳天皇については、平泉洸「順徳天皇の孝順なる御生涯」（藝林会編『順徳天皇とその周辺』臨川書店、一九九二年）、平泉隆房「順徳天皇の関係年譜」（同上）、『順徳天皇実録・仲恭天皇実録　天皇皇族実録56』（ゆまに書房、二〇〇八年）などを参照。

（5）各著作については、和田英松『皇室御撰之研究』（明治書院、一九三三年）、米田雄介『歴代天皇の記録』（続群書類従完成会、一九九二年）などを参照。

（6）和田英松「禁秘抄考」（同『皇室御撰之研究』明治書院、一九三三年、初出一九〇〇年）。

（7）日野西資孝「禁秘抄の原本形態とその成立について」（『帝国学士院紀事』三巻二号、一九四四年）。以下、本稿で日野西氏の見解について触れる場合は、すべてこの論文による。

（8）陽明文庫編『陽明叢書記録文書篇第八輯　後法興院記』一～四（思文閣出版、一九九〇年～一九九一年）。

（9）益田宗「解説」（陽明文庫編『陽明叢書記録文書篇第八輯　後法興院記』四、思文閣出版、一九九一年）。なお政家の書写活動については、尾上陽介「再利用された日記原本」（『年報三田中世史研究』一二号、二〇〇五年）参照。

（10）吉岡眞之「前田綱紀収集「秘閣群籍」の目録について」（吉岡眞之・小川剛生編『禁裏本と古典学』塙書房、二〇〇九年）。

（11）是沢恭三「禁秘抄」（『群書解題十九』続群書類従完成会、一九六一年）。

（12）武井和人「中世禁裏本襍攷」（同編『中世後期禁裏本の復元的研究』平成一八年度～平成二〇年度科学研究費補助金研究成果報告書、二〇〇九年）。

（13）橋本義彦「『江次第』（附）『江次第鈔』」（同『日本古代の儀礼と典籍』青史出版、一九九九年）。

（14）渡辺滋「『執政所抄』の成立と伝来について」（田島公編『禁裏・公家文庫研究　第三輯』思文閣出版、二〇〇九年）において指摘がある。

（15）各機関に所蔵される原本、及び国文学研究資料館所蔵の紙焼写真・マイクロフィルム等による。

（16）井原今朝男「近世禁裏文庫と文明期廷臣の書写活動—『三長記』『禁秘抄』を例として—」（『中世近世の禁裏の蔵書と古典学の研究—高松宮本伝来禁裏本を中心として—　研究調査報告2（平成一九年度）』二〇〇八年）。

(17) 阪本龍門文庫複製叢刊『中御門宣秀自筆仮名神代巻』（一九九三年）による。

(18) 東京大学史料編纂所所蔵の写真帖による。

(19)『国立歴史民俗博物館資料目録［8—1］　高松宮家伝来禁裏本目録［分類目録編］』（二〇〇九年）。

(20) 京都御所東山御文庫本の中にも霊元天皇宸筆の外題が付された写本がある。『禁秘抄』一冊（勅封一二〇—六一）、『禁中抄』一冊（勅封一二〇—六二）がそれである。高松宮本と同様に巻次の区別なし。

(21) 宮内庁書陵部編『図書寮典籍解題　続歴史篇』（養徳社、一九五一年）。

(22)『禁秘抄考註』は牟田橘泉が元禄年間に作成した註釈書である。同書は『禁秘抄』本文に対する橘泉の註釈を随所に記すものであるが、項目ごとに註釈の多い少ないがあることからか、版本とは別の分け方で三巻に分けている。すなわち、故実叢書本によれば「賢所」から「諸芸能事」までを上巻、「御書事」から「赦令」までを中巻、「御物忌」から「虫」までを下巻とする。しかし、この分け方に特段の意味は見られず、おそらく分量等を考慮して便宜的にこのように三巻に分けたものと思われる。

(23)『禁秘御抄』の注釈書類としては以下のようなものがある。

・牟田橘泉「禁秘抄考註」……元禄年間、三巻

・滋野井公麗「禁秘御抄階梯」……安永年間、三巻（『新註皇学叢書』五）

・松岡明義「禁秘抄講義按」……明治二十三年に撰述

・関根正直「禁秘抄釈義（講義）」……明治三十四年に刊行

なお、静嘉堂文庫に所蔵される『禁秘御抄』に梅田忠敬の註釈本一冊があるが（『静嘉堂文庫目録　続』三九五頁に著録）、この冒頭に記される「凡例」には「一、此御抄の注書ハ春満・在満・伊勢貞丈・壺井義知・御厨子所預宗恒并宗直等ノ注あり」と見える。

(24) この点に関しては、以下のような研究がある。

・河内祥輔「学芸と天皇」（『講座　前近代の天皇4』青木書店、一九九五年）

・秋山喜代子『中世公家社会の空間と芸能』（山川出版社、二〇〇三年）

・五味文彦「天皇と学問・芸能」（同『中世社会史料論』校倉書房、二〇〇六年、初出二〇〇三年）

・本郷和人「史料・文献紹介『禁秘抄』」（『歴史と地理』五九七号、二〇〇六年）

・佐藤厚子「『禁秘抄』の研究（一）～（六）」（『椙山女学園大学研究論集』三九号～四三号、二〇〇八年～二〇一三年）

・阿部泰郎「芸能王の系譜」（渡部泰明・阿部泰郎・鈴木健一・松澤克行『天皇の歴史10巻　天皇と芸能』講談社、二〇一一年）

(25)「近代」等の時代呼称、及び引用典籍・口伝等をまとめると、後掲の**【表3】**の如くである。

【表1】

※項目の表記は目録のものを記した。

二巻	項目	三巻
上	1賢所　2大刀契　3宝剣神璽　4玄上　5鈴鹿　6竈神	（上）
	7中殿　8南殿　9草木　10毎日恒例　11毎月事　12御膳	
	13御服　14・15神事　16仏事　17進退	（中）
	18諸芸　19御書　20御使　21入立　22直衣　23近習	
	24御持僧　25侍読　26殿上人　27蔵人　28雑色	
	29所衆　30滝口　31出納　32小舎人　33地下	
	34医道　35陰陽道　36凡僧　37御匣殿	
	38尚侍　39典侍　40掌侍　41女房　42得選	（下）
	43采女　44刀自　45女官　46主殿司　47女嬬	
下	48詔書　49同覆奏　50勅書　51宣命　52論奏　53表	
	54勅答　55改元　56廃朝　57天文奏　58焼亡奏　59薨奏	
	60配流　61召返　62解官　63除籍　64勅勘　65召人	
	66怠状　67召籠　68給下部　69焼失　70追討　71神輿	
	72赦令　73物忌　74日月蝕　75雷鳴　76止雨　77祈雨	
	78御卜　79解除　80御祓　81護身　82御祈　83修法	
	84読経　85渡御　86御馬　87赴任　88明経論　89雪山	
	90犬狩　91鳥　92虫	

【表2】

※項目の表記は本文のものを記した。

項目	丁	行	近衛政家書写本	イ本校異
8南殿	17ウ	5行	南｜第一間	東イ
9草木	18ウ	6行	康保｜元年	二イ
	19ウ	5行	十二月廿五｜日	九イ
	21ウ	3行	櫻｜梠	栟イ
	22オ	1行	近来｜	衛イ
	22オ	4行	復｜之	植イ
10恒例毎日次第	24オ	5行	御祈禱｜	精イ
	26オ	3行	只｜清涼殿記	如イ
	27ウ	4行	入｜立蔵人	夜イ
12御膳事	29ウ	4行	昼｜御膳……歟｜	イ裏書
	29ウ	4行	朝夕夜侍｜	供イ
13御装束事	34オ	5行	下襲之｜上下	々々イ
	35ウ	4行	天位｜	子イ
	35ウ	5行	内蔵寮臨時可以｜人	賑イ　他イ
	35ウ	6行	政長也｜	女イ
14神事次第	39オ	3行	不落居給｜有之	時イ
	39ウ	2行	八月｜放生会	幡イ
16仏事次第	41オ	6行	但神事日々｜不可	者イ
	41ウ	1行	其料無｜足	不イ
17可遠凡賤事	46オ	4行	大井｜行幸	川イ

18諸芸能事	48オ 2行	鳥羽・｜白河	後イ
19御書事	49オ 2行	かき給｜也	終イ
20御使事	49ウ 7行	在別｜記	江イ
22聴直衣事	53オ 4行	経｜親王参上時也	依イ
23近習事	53ウ 1行	不可広｜走｜	庶イ 遠イ
	54ウ 1行	通宣｜子	憲イ
24御持僧事	55オ 6行	持僧交証誡｜	議イ
	56オ 2行	凡承久｜末	元イ
25御侍読事	57オ 4行	近方近｜給神楽曲	等イ
	57オ 5行	是不令深｜家	絶イ
	58オ 1行	近院ニハ実友｜僧正也	慶イ
26殿上人事	60オ 1行	况殿上役送｜日繁多也	近イ
27蔵人事	60ウ 6行	近比モ一二臈｜留	叙イ
	61オ 6行	可然｜人子	一イ
	61オ 7行	自内蔵寮――	調進イ
32小舎人	66オ 4行	非三｜品成敗	御イ
33地下者	67ウ 1行	只｜殿上許也	不昇イ
34医師	68ウ 1行	一、医師｜	道イ
	69オ 1行	是過分座｜	儀イ
40掌侍	73ウ 6行	僧女不補｜也	事イ
41女房	77オ 3行	上品｜蔵人多歟	古イ
44刀自	78ウ 1行	刀自ハ御膳｜宿	飯イ

48詔書	82ウ 3行	猶｜幼主儀也	主上イ
50勅書	84オ 7行	天暦｜四年	徳イ
51宣命	85オ 2行	有勅命｜	答イ
55改元	88オ 4行	如例吉書｜切奏事時	一イ
57天文蜜奏	90ウ 4行	加封進｜司天	返イ
67召籠	95オ 6行	地下者ハ｜籠陣	召イ
73御物忌	100オ 5行	如此｜少々有歟	例イ
74日月蝕	103ウ 1行	上卿一人着弘｜廂	孫イ
76止雨	104ウ 4行	随其状祟文有、｜	辶イ 送イ
	105オ 1行	是｜古例也	上イ
	105オ 3行	或内｜野放｜御馬	巾イ 牧イ
77祈雨	105ウ 6行	集｜人夫	率イ
78御卜	107ウ 7行	於弓場点｜	勤イ
79解除	108オ 5行	掃部密々｜有鎮子	寮イ
82御祈	111オ 6行	近代法親｜なと	王イ
85殿舎渡御	116オ 7行	后女御｜方へ	々イ
	117オ 6行	取剣璽、｜侍臣候脂燭	五位イ
86交易御馬御覧	117ウ 2行	近来｜舎人上洛	衛イ
87帥大弐諸国受領赴国	119オ 5行	大弐長房赴任｜	府イ
	119ウ 1行	返｜燈楼綱	衣イ
88明経内論義	121ウ 7行	次博士ヲト｜	已下イ
90犬狩	124オ 3行	犬狩｜有便云々	尤イ

【表3】　※項目欄の（　）は本文の表記等を示す。

項目	典籍名・口伝等	時代呼称
1 賢所	「白河院仰」	近代　上古　中古
2 大刀契	「匡房記」「通俊曰」	上古
	「俊実・通俊曰」	
3 宝剣神璽	「匡房記」「匡房曰」	
	「江記説」	
4 玄上	「俊房公曰」	
5 鈴鹿		
6 竈神		
7 中殿（清涼殿）	「宗忠公記」「江記」	近代　上古
8 南殿（紫宸殿）		近代
9 草木	「延喜御記」	近代　上古
	「康保二年御記」	
	「清少納言記」	
10 毎日恒例	「寛平御記」「延喜御記」	近代　上古　上古例
（恒例毎日次第）	「後三条院仰」「或記」	
	「寛平小式」「清涼殿記」	
	「匡房記」	
11 毎日事		近代
12 御膳（御膳事）	「旧記説」「匡房記」	近代　上古
	「寛平遺誡」	
13 御服（御装束事）	「江記」	近代（建久以後事也）
14 神事（神事次第）	「白川院仰」	近代
15 （臨時神事）		
16 仏事（仏事次第）		近代　上古（清和天皇）
17 進退（可遠凡賤事）	「寛平遺誡」	近代（建久以後）
	「旧記」	末代
18 諸芸（諸芸能事）	「貞観政要」「寛平遺誡」	近代　上古　末代
19 御書（御書事）		
20 御使（御使事）	「別（江）記」	
21 入立（被聴台盤所之）		近代
22 直衣（聴直衣事）		近代　上古　中古
		中古（康保頃か）
23 近習（近習事）		
24 御持僧（御持僧事）	「寛平遺誡」	近代　近来　末代
25 侍読（御侍読事）		近例（堀河院以降）
		上古
26 殿上人（殿上人事）	「旧記説」	近代　末代
		上古（貞観・寛平頃）

27蔵人（蔵人事）	「延喜天暦御記」	中古 近代 中古（蔵人六人常事）
28雑色（蔵人所雑色）		近代　上古
29所衆（同衆）		
30滝口		
31出納		上古
32小舎人		近代　近年　近日
33地下（地下者）		近代　末代　近日
34医道（医師）		近代
35陰陽道	「寛平遺誡」	近代
36凡僧		
37御匣殿（御匣殿別当）		上古
38尚侍		近代
39典侍		近代
40掌侍	「延喜十五年御記」 「白川院仰」	上古
41女房		近代　近代事　上古
42得選		近代　近代例　近代事
43采女		近日
44刀自		近代
45女官		近日
46主殿司		近代　近日
47女孺	「寛平遺誡」	近代
48詔書		
49同覆奏（詔書覆奏）		
50勅書		
51宣命		
52論奏		
53表		近代
54勅答		
55改元		近代
56廃朝	「或記」	
57天文奏（天文密奏）		
58焼亡奏	「宗忠公記」	近代絶了 （建久已後無此奏）
59薨奏		近年　上古
60配流		
61召返（召返流人）		
62解官		

63除籍		
64勅勘		
65召人		
66怠状（召怠状事）		
67召籠		近代
68給下部（給馬部吉上）	「貞観政要」	
69焼失（内裏焼亡）		
70追討（追討宣旨）		
71神輿（奏振神輿）		
72赦令		
73物忌（御物忌）	「新撰陰陽書」「匡房記」「清少納言記」「或記」	近代
74日月蝕	「或記」	近代　上古
75雷鳴		近代　上古
76止雨	「応和御記」「延喜式」「康保二年八月御記」	上古　中古
77祈雨		近代
78御卜	「寛平誡訓」	
79解除		上古
80御祓	「保安或記」	

81護身		
82御祈	「故人説」「天暦御記」	近代
83修法（御修法）	「旧記」	
84読経（御読経）	「為隆曰」「宗忠公曰」	
85渡御（殿舎渡御）		近代　近代事
86御馬（交易御馬御覧）		上古
87赴任（帥大弐諸国受赴国）	「御記」	上古
88明経論（明経内論義）		
89雪山	「清少納言記」	近代　上古　中古（一条院御時以後）
90犬狩	「匡房記」	近代
91鳥		
92虫		

尊経閣本『禁秘御抄』（近衛政家書写本）翻刻

一、字体は原則として常用漢字を用いた。ただし、一部、異体字・略字を使用した所もある。

一、文中に適宜、読点（、）及び並列点（・）を施した。

一、割注の中の割注は〈　〉で括った。

一、●は朱点を表す。

一、本文の丁替りは、丁の表裏の終わりに」を付し、その下に丁数及び表裏を(1オ)、(1ウ)などと記して示した。

一、底本の欠損文字、あるいは判読不明の箇所は、□、□□などで示した。

一、翻刻者の加えた説明註は（　）で、また校訂註は〔　〕で括った。

一、首書の位置は本文との対応を勘案して示したので、必ずしも底本どおりではない。

（外題）「禁秘鈔」

（空白）」(1オ)

上

●賢所　●大刀契　●宝剣神璽　●玄上　鈴鹿　●竈神
●中殿　●南殿　●草木　●毎日恒例　●毎月事
●御膳　●御服　●神事　●仏事　●進退
●諸芸　●御書　●御使　●入立　●直衣　●近習
●御持僧　●侍読　●殿上人　●蔵人　●雑色
●所衆　●滝口　●出納　●小舎人　●地下」(1ウ)
●医道　●陰陽道　●凡僧　●御匣殿　●尚侍
●典侍　●掌侍　●女房　●得選　●采女
●刀自　●女官　●主殿司　●女嬬

（四行空白）」(2オ)

禁中事

一、●賢所

凡禁中作法、先神事、後他事、且暮敬神之叡慮無懈怠、白地ニモ以神宮并内侍所方、不為御跡、万物随出来必先置台盤所棚、召女官被奉、或如内侍参テ奉之、近代者如内侍不候内侍所、上古多以」(2ウ)温明殿為局、自僧尼及憚人許所進之物ハ不奉之、源ハ雖出僧尼家、

男女進タル物ハ奉之、所謂関白所進菓子、多興福寺別当所送也、然而不憚之、自神代為神鏡、如神宮奉仰為伊勢御代官被留置也、神事次第同伊勢、
世始同殿御坐之間、主上朝夕不放御」(3オ)本鳥、仍冠巾子ニ融緒被結、御冠穴此故也、垂仁天皇御宇、始為別殿御温明殿、白河院仰曰、内侍所神鏡飛出テ欲上天、而女官懸唐衣袖奉引留、依此因縁、女官奉守護云々、
天徳《村上》焼亡飛懸南殿桜、(藤原実頼)小野宮大臣請袖也、長徳焼亡始雖焼亡無欠損、有諸道勘文、」(3ウ)公卿勅使始有宸筆宣命、于時殿中光輝知御躰不変、長久《後朱雀》焼亡少納言(源)経信欲奉出、火盛不合期、而有光入唐櫃、実不焼云々、
自一条院御時、十二月有御神楽、但多隔年行之、近代毎年有之、新所之時或被行、又有臨時御神楽例、」(4オ)
寿永《安徳》大乱之時御西海、経三年還洛之時、有三夜神楽、是別例也、

即位始供神物事

即位始供神物ハ四十合、自内蔵寮進之、毎月一日神供廿合也、自台盤所紙二帖、内蔵寮絹五疋、幣料串八筋、黒漆無文也、又墨筆自納殿進、薄様同奉之、
賢所習不押斎文、」(4ウ)
有瑞相鳴動光、堀川院御時寛治八年比、度々有此事、天徳焼亡之時、又鳴例云々、
如院御所行幸之時、以号念誦堂而蒼護摩煙之所為御在所、雖有例甚不可然事也、是非只謂、有人夢想、又其子細多也、

奉渡後涼殿事

天慶《朱雀》元年依有種々妖、温明殿修理之間、奉渡後涼殿、于時暗雨滂沱如沃、女官」(5オ)祈申有渡御、左右近衛・五位蔵人供奉之、行幸之時如此、入御之時ハ主上下地御、辛櫃二合、又五合、大刀契・鈴等也、
即位最前供物、択吉日之由、他有旧記、触穢之時、恒例供物、先例不同歟、
寛治八年陽明門院(禎子内親王)崩之時無沙汰、有内侍所御供、二月一日也、去々年内大臣穢及禁中」(5ウ)時供之、今度諸社祭雖延、准彼例有供物、但又被止モ有例、可在時議事歟、
賢所御衣、上古被奉、自中古絶、周防内侍《祇候私歟》曰、女御装束也、但只夏生衣冬絹ヲ被奉也、従二位親子ハ帖奉ハ夏美麗女装束也、

一、●大刀契

(大江)匡房記、(藤原)顕実云、鉾剣三尺或二尺、惣十、」(6オ)其中一剣脊有銘北斗、左青龍、右白虎、其外ハ不見、是自百済所被渡、二剣之一歟、日月護身之剣、三公闘戦之剣歟、但節刀可有此外、注青龍之条、似六典所称之伝府、若遣大将軍之時可用歟、
(藤原)通俊曰、長徳鴨連量之説、以之為大刀、匡房曰、長徳連量不見歟、已上、鈴印、同記、」(6ウ)俊実・通俊曰、件鈴、太有興物也、或六角或八角云々、已上、上古ハ少納言ハ伺見之歟、
又節刀鎰ハ天暦(村上)帝付宝剣帯取、不離御身云々、誠我国至極宝物者也、

一、●宝剣神璽

御剣者、神代有三剣其一也、子細雖多不能注、其後為宝物伝来、而寿永入海紛失、」(7オ) 後院御時以後廿余年ハ被用清涼殿御剣、仍以璽為先、而承元《土御門》譲位時、有夢想、自伊勢進之已来、又准宝剣以剣為先也、此剣普通蒔絵也、

神璽自神代于今不替、寿永自海底求出、上以青色絹裹之、以紫糸結之如網、内侍持之間、下緒指入程緩、」(7ウ) 是二ハ夜御殿御帳中御枕二階上案、覆赤色打物《匡房記紫絹云々、》、自内蔵寮進之、内侍雖持之、自不取之、典侍取之伝、譲位時計直取也、

此故僧女又上﨟内侍外人不入夜御殿、白地案朝餉之時同不近候、凡重軽服人不触手、月障内侍者、闕如之時」(8オ) 或持之、不可然事也、内侍・近衛将外、更不触手也、

自神代如見我セヨト被誓置、尤可敬事也、筥中ニハ鏡一程物動、返々不傾、

匡房曰、不浄人不触手、他行之時以内侍令守護、又夜御殿火不可消、是為剣璽也、以上江記説、」(8ウ) 抑壺切ハ代々東宮宝物也、又時々在公家、延喜以少将定方《三条右大臣》（藤原）被渡東宮（保明親王）、是始歟、東宮給掛一重、

一、●玄上

累代宝物也、置中殿御厨子、根源様人不知之、掃部頭貞敏（藤原）渡唐之時所渡琵琶二面其一歟、紫檀直甲也、太宋人云、紫檀ハ大限不可過六七寸、直甲之条不信云々、但此」(9オ) 甲非只物紫檀、凡此琵琶、云躰云声、不可説未曽有物也、為霊物、人為跡之時、有貴人、如何ニ跡ニハするそと云入人夢、皆者直衣人也、霊物中ニモ越他、以不浄手不可衣〔取カ〕、昔ハ無覆、自近頃有沙汰、有覆并台、紫唐綾無紋也、台摺貝、此琵琶霊験、内裏焼亡之時飛出、撥面文消所々有」(9ウ) 赤色、不知其絵、代々有沙汰未決、

俊房（源）公曰、良道云琵琶移玄上、彼撥面文不可違、彼ハ唐人打毬形也、

或云、玄象呑青鉢之水、所謂号玄象、又玄上宰相献延喜（醍醐）帝、仍号玄上、両説也、但妙音院（藤原師長）入道付玄上説歟、

一、●鈴鹿」(10オ)

与玄上同累代宝物也、但毎年御神楽万人用之、子細不及玄上、々々弾琵琶之人以弾之為至極、此号説有異説、未決其実、

一、●竈神

行幸他所之時、中納言已下供奉、尤可為霊物、女房不忌之、男ハ主上外不沐浴也、」(10ウ) 四五ニ破、但指合用之、不可説物也、

一、●清涼殿

五間、北一間母屋為御路次、御帳間第三間、大床子第四奥有御厨子、第五四季御屏風、母屋ニ有日記御厨子、

帳、四面有几帳、帷、夏ハ生、以胡粉画花鳥、鶴歟、冬ハ朽木形、畳三帖、繧繝御座敷東上、西柱角鏡、東向、浜床如恒、

師子、狛犬、在帳前南北、左獅子、

平敷、畳二帖繧繝南上、中央茵一枚、中唐綾、端錦裏打、御剣在御座南端、鞘東東西、御硯筥御座南板ニ置、自中央南方〈瓦硯在筆台、水入亀形、蒔海部、〉」(11オ) 三尺几帳ハ御座北之柱内ニ立、斜立之、西裏也、

大床子三脚、敷高麗、非畳、端ヲ畳ノ弘サニシテ有裏、円座一、脇息一、〈或二、以一為善、〉南ニ蛮絵御厨子二、〈式筥、〉

日記《黒漆》御厨子二脚、近代不納二代御記、只雑文書等及女孺坏指油、不可説次第也、

置物《同》御厨子二脚、玄上中、鈴鹿下、笛筥、蒔海部、小水龍又笛二、狛太〔犬〕、狛子四、

石灰壇、四季御屏風、〈三尺、〉南第一間母屋御簾下、以東為面、此御屏風内在陪膳円座、障子皆唐絵本文也、又燈楼、
弘廂、板九枚、北ニ有荒海障子、南方手長足長、北面、宇治網代布障子墨絵也、二間与上御局之際ニ立昆明池障子、閑院ハ無上御局、仍荒海障子ニ副テ二尺許ヲ為路立之、南昆明池、北嵯峨野小鷹狩、南切妻ニ有鳴板、〈号見参板、不打付也、〉
年中行事障子、向上戸立之、春東方也、人一人路程ヲ置テ立之、」(11ウ)
殿上
六間、上戸有小蔀、主上覧殿上所也、御物忌時下之、
倚子覆ハ出納旦暮奉仕之懸棹、
奏杖、在上戸辺、和琴、置北長押、台盤三脚、切台盤大臣、火櫃二、自四月至十月撤之、囲碁・弾碁
盤有大〔台〕盤所、近代ハ冬不置之、上古不置之、簡、在袋、朱辛櫃横敷前在硯、木工寮進之、白地檜ニテ置瓦硯、
春冬ハ有垂幕、夕陽之時下鈞蔀、」(12オ) 横敷坤角柱ニ付蘇芳綱付鈴ヲ、
召小舎人之時、蔵人引之、是自二条院御時事也、始用馬寮指縄、
近代為例、
神仙門東三間西三間也、小板敷西有棹間、小庭時簡・膳棚・燈楼、
下侍
三間、有炭櫃四面敷畳、号侍臣乱遊所也、如折松於此所也、或又酒宴等於此所行之、清談人近代不着之、」(12ウ)
渡殿
二行、各二畳、敷黄端、公卿在殿上之日、不論花族諸卿又着之、
不然之時、可然之人不着之、北ニ副高欄立布障子二間、立柱テ打付、画打
毬、向下戸、横ニ女官戸ヨリノ路ヲ通テ立障子、馬形、号波祢馬也、其西南二間有
遣戸、其下一間籠テ下女房住、如手水物、置焼火置水、自中古事
歟、」(13オ) 高遣戸侍臣已下参所也、
鬼間
二間格子也、南間ハ常不上、有覆簾、巻之、其内南北行ニ立御厨子、
置御膳具、
南壁百沢王切鬼絵、櫛形者北障子際柱ヲ夾テ有二、
台盤所」(13ウ)
三間北間、朝餉向、敷黄端畳、東ニ倚子、其南女房簡、入袋、辛櫃朱漆也、台盤
上有御膳棚、二階檜、火櫃一、囲碁・弾碁等同殿上、中間台盤東ニ黒漆
厨子上ニ置菓子等、其南立馬形障子、鬼間方奥一間ヲ出テ也、畳ハ
中并南間紫端、長押下二間、是ハ渡廊ヲ籠也、南ニハ在格子二間、
北ハ」(14オ) 遣戸一間蔀一間、常不上、二間際副北立馬形障子、西ハ布障子、
其外ハ号切簾テ、一間懸、遣戸御簾二也、
抑台盤所ハ東北障子到鬼間まて和絵也、
朝餉
二間、南平敷二枚、〈北上、〉夜御殿ニ方有副障子、東北ニ立屏風、〈絹屏風、〉
屏風外ニ案御調度、二階一、押錦、唐匣筥一、」(14ウ) 硯筥、螺鈿厨子二脚、
非螺鈿只近代蒔絵、或如薄押、冠筥二、唾壺、手拭筥、熨筥、几帳一、大床子二、
一ハ在御手水間、火櫃ハ春冬計也、円火櫃也、廻画和絵、
画猫事 台盤所方障子和絵、御手水間方画猫、後涼殿布障子如渡殿無土居、
立小柱打付、有用之時撤之、如五節肩脱近代引馬絵也、是僻事也、宗忠公記、打毬騎馬唐人之由也、
凡御調度等、近代蒔蛮絵、白、又以白薄」(15オ) 押蛮絵、是無其謂、文只
可在時議、
堀河院御時、蒔桐、黄蒔歟、
簀子南ニ立馬形障子、

御手水間

一間、兼朝餉テ為中ニ立置物厨子、其北立大床子上、上在円座、

主上不向西事
凡主上御座不可向西之由、在江記、御手水ハ可向北也、」(15ウ)

堀川院
嘉保行幸院、相撲、御剣ヲ置御座東、是不可西向心也、向西トモ角サマニ可着座也、

夜御殿

四方有妻戸、南ハ大妻戸一間也、

帳同清凉殿、東枕、畳御座敷也、

御剣覆事
御枕有二階、奉案御剣神璽、皆有覆、蘇芳也、御剣東南、帳四角ニ有燈楼、」(16オ)

又帳南西北敷畳為女房座、

上御局　号藤壺上御局、

后・女御・更衣参上所也、近代為御所、

萩戸

又常御所也、

上御局　号弘徽殿上御局、

是御行ナト有所也、女御・更衣可参上、」(16ウ)

二間

敷畳二帖、北間向妻戸敷阿闍梨座、半帖一、南間ハ如御講之時、懸御本尊寄障子也、

一、●南殿

御帳如恒、無几帳、立倚子、有師子狛犬、

障子裏花事
負書亀事
北障子号賢聖障子、賢聖画之、上色紙形近代不書本文、彼等芸能也、此障子裏方画唐花、御帳間戸ニ画師子狛犬、障子上画負書之亀本文心、障子戸三

也、」(17オ)

帳外南面母屋庇無指物、

南格子ハ常ハ下、上額間、但又皆上常事也、此子細不審事也、推之

只夜ハ下、昼ハ上歟、

御拝之時ハ、上額間与南《東イ》第一間也、

御後ハ節会日ハ下、只時ハ万人着沓往反、節会日ハ人不着沓テ不往

反、」(17ウ)

非職侍臣不入御後事
凡主上渡御南殿之時、非職侍臣候脂燭、留西妻戸下、不入御後也、

常御所殿ハ随時不定、但清凉殿本也、或兼飛香舎為御所、

東宮后宮御同殿事
后・女御飛香舎・弘徽殿已下皆有例、東宮弘徽殿后宮又同殿例、・凝華舎・昭陽舎ナト也、執柄昭陽舎、或飛香舎有例、」(18オ)

一、●草木

南殿桜、在紫宸殿巽角、

是大略自草創樹歟、貞観此樹枯、自根纔萌、坂上滝守奉勅守之、

枝葉盛云々、其後延喜御記ニモ、群列桜樹東頭ナト有、天徳《村上》焼失

為煨燼、後康保元《二イ》年正月被栽、則枯、十一月又被栽、有花宴、」(18ウ)

両度之間、一ハ重明親王家樹、一ハ自西京移栽之、其後度々焼失、

毎度栽之、近ノ樹ハ堀川院御宇已来木也、

同橘、

遷都已前人家橘也、

康保二年正月廿七日仰左右近府被移、

中殿東庭竹台二、」(19オ)

同萩戸萩、
不限萩、色々秋花、皆被栽之、
同梅、在滝口南砌、
天徳四年十二月十八日栽紅梅於中殿艮角、康保二年十二月廿五（九イ）日御記曰、式部大輔直（橘）幹献梅一株、即栽仁寿殿東北庭、以前日所栽小紅梅移栽清涼殿東北庭、」(19ウ)此梅去月四日所栽仁寿殿木也、
仁寿殿艮角梅、自延喜御時有之、又天暦御時被栽直幹家梅也、
藤壺、藤懸蝦手木、上古非蝦手歟、近来殊勝物也、
梅壺、西ハ白梅、東ハ紅梅之由、在清少納言記、
梨壺、東方在之、
桐壺、桐近年不見、但荒廃之間、毎庭有桐、
（一行空白）」(20オ)
御溝、近日東庭潺湲任甃《イシタヽミ》流、上古ハ或風流さま〳〵也、流非一脉《ミヤク》、且石立石等有籬砌也、
已上当時如昔無変、此外所々草樹多、
前栽、
清涼殿東庭并同西庭朝餉并台盤所前、藤壺等也、延喜元年左右衛門（栽草）架、延喜栽菊於東庭并仁寿殿東庭、
松、」(20ウ)
（村上）応和二年栽東庭、又栽滝口廊前、又綾綺殿北廊南處（庭歟）、文範進之、
梅、
綾綺殿前、（村上）応和二年蔵人所雑色等、栽紅梅於昭陽舎南庭、
又栽東庭、右馬頭有年家梅、
（花宴事）桜、」(21オ)
常寧殿有此樹、延喜有花宴、
応和栽東庭、掃部頭高臣家、又栽和徳門内、
椶（栟《ヘイ》イ）梠《リヨ》、
延喜五年栽東庭、
清涼殿前有此樹、而枯了、尋旧跡被栽、是貞親王家樹也、又応和被栽中殿前、
凡植草樹、自親王已下家移常事也、」(21ウ)左右衛門府近来（衛イ）承之植、或又随便宜進草木之人植之、前栽者、昔滝口承之、植萩戸萩云々、草ハ無沙汰、有根樹ハ忌方角、但上古無其沙汰如何、菊合前栽合時復（植イ）之、東庭竹台、近代木工寮役歟、天徳内匠寮作呉竹架云々、
凡清涼殿及滝口透垣等、皆木工寮役、」(22オ)他殿舎修理職役也、内匠寮ハ近代ハ如障子破損許奉仕歟、昔与今異、
（五行空白）」(22ウ)
一、●恒例毎日次第、
早旦供御湯、主殿官人奉行之、近代多経允五位也、釜殿運湯、須麻志女官二人、取伝、蔵人為鳴弦候戸外、内侍申具之由、御船一、桶二、内侍候御垢、典侍或上﨟女房、進御湯帷奉河薬、次典侍取河薬器抛板、于時蔵人鳴弦、主殿官人称名、主殿助蔵人候之時、或称名、官人不候時事也、」(23オ)是毎日毎度事也、廃務之時不称名、
（湯巻事）凡禁中着湯巻、上﨟一人、内侍一人也、是候御浴殿故也、近代上

藺中准此役多着之、不可例、但少々ハ聴之、
次於御手水間大床子理御鬢、着御引直衣、自四月一日至九月晦日、夏也、自十月一日至三月晦日、冬也、生袴也、
次供御手水、次経朝餉、自清涼殿帳北」(23ウ)着石灰壇、内侍兼敷大床子円座於石灰壇南間中央、立廻四季御屏風、垂御簾、或不垂、典侍献御笏、或不献、
主上正御心着御、巽向、神宮内侍所已下御祈禱(精イ)、寛平御記、社々多御祈禱之由有所見、八幡・賀茂等殊神也、

御拝事
御物忌之時、垂御簾、触穢之時、猶有御拝之由、見延喜御記、又後冷泉院御時」(24オ)如此、而後三条院仰曰、触穢之時、雖被申事由、不可有御拝云々、此儀誠可然事也、事畢、左廻還本所、
毎日御拝ハ夜半後止一切不浄、朝僧尼重軽服等人不参、無仏経沙汰許也、御膳已前ハ常事也、若魚味供トモ非無憚、」(24ウ)

御手水事
抑御手水ハ近代内侍内々供之、昔ハ女官之所献也、今ハ前後不定之間不用之、主水司供之、御手水女官舁之、参立御手水間前、女官申、御手水まいらせ候はむ、女房あといふ、女官御楊枝二ヲ双指御簾、まかたしまいらせ候ハむといふ、又女房あといふ也、」(25オ)
毎日御拝、年始択吉日、一説也、
或記曰、嘉保(堀川院)二年正月五日、今日依吉日有毎日御拝、又六日、依吉日始御念誦畢、於御念誦者択吉日、於御拝者只不謂善悪日、自一日被始為吉歟、
四方拝時モ有御手水、只蹲思食遣神宮方也、」(25ウ)

召侍読事、
寛平小式、巳時召侍読、次御膳也、遺誡、朝膳巳時也、只(如イ)清涼殿記、未時可召之、只如此事可在御意、御学問殊沙汰之時、更不可及時剋沙汰事也、侍読候朝餉中間縁、主上巻御簾有誦習、
朝夕御膳事、在奥、」(26オ)
殿上台盤侍臣已下行之、上古公卿着小台盤、用土器、近代不然、匡房記之〔云〕、其頃猶希有也云々、
主上着倚子、御覧台盤、近代絶了、其時主殿司退、蔵人居物也、倚子寄台盤上程、凡出御殿上作法也、又着倚子召侍医於小板敷令見用所、」(26ウ)上古例也、
日没以後事、

夜御殿火不消事
先掻燈自御浴殿方進之、内侍取之、供夜御殿、四方、其後供所々常燈、女房役之、夜深、蔵人自南妻戸奉仕指油、御殿火不可消之、近代皆消歟、
清涼殿已下格子、蔵人奉仕之、近代女嬬等候之、」(27オ)台盤所ハ御格子女官候之、朝餉ハ女房候之、里内ハ随便宜蔵人候之、
毎日御祓事、
主上着御々衣、入立(夜イ)蔵人給之、於高遣戸伝所衆、蔵人跪、所衆乍立也、返上時蔵人奉之、
近衛夜行事、
此事近代太略如無、時々奉仕之、」(27ウ)

問籍事、
滝口於北陣申之、参御湯殿北、次於殿上口申之、有公事之時、不
可申、
奏時事、
上古随陰陽寮漏剋奏之、近代指計蔵人仰之、丑剋已後為明日分、
御修法御加持、」(28オ)
蔵人供燈楼、阿闍梨着座、伴僧着端畳、無別作法、
一、●毎月事　公事外
一日賢所供神物召刀自給之、又内侍為勅使参、
〔人形事〕七瀬御祓、陰陽師進人形、入折櫃、有蓋、書其所并名、女房令着色々絹、自内蔵寮召之、近代
於台盤上着之、」(28ウ)尤無謂、但近代女房不食物之間、清浄台盤歟、
雖然不可然、席ヲ上ニ可敷、如供御、白地不〔無歟〕案内人置之以外事也、
次主上懸御気撫身、返入折櫃、置台盤所西御簾下、侍臣各取之、
向河原代厄具之、帰参之後、主上着御衣、
諸陣月奏、」(29オ)
御覧之外、無指御作法、毎月蔵人奏之、
一、●御膳事
凡御膳ハ大床子御膳、朝夕、近代一度供之、朝餉御膳、朝夕夜侍、〔供イ〕皆一度供之、此御膳
〔昼御膳ハ巳未亥、朝餉御膳ハ午酉歟、イ裏書〕等近代主上不着、又只御膳三度、是只女房サハ、カリ取之、只
内々称小供御、々乳〔父〕母沙汰供御三度所着也、大床子御膳ニハ、」(29ウ)
時々必可有着御、其作法、
蔵人奏御膳之時、御直衣ニテ自帳後着大床子、懸膝着之、東向、陪
膳人警候、昔ハ正食之、近代ハ只立箸許也、取左波立箸、陪膳取其
御箸、又立御箸ヲ折テ出也、着御之時ハ、二台盤物陪膳自居之、不
然之時ハ蔵人居之、立箸後、経本路還本所、無出御」(30オ)時ハ内侍於
北障子鳴扇、三音、初ハ静、後ニハ早鳴也、其時陪膳人撤之、役送ハ四位五位六位随候、近代漸絶、
陪膳ヨリ上臈四位候役送、常事也、又公卿候陪膳、上古ハ常候也、
直衣常事也、
高倉院御時、中山太政入道常候也、其後絶了、御膳時、宿衣人不
〔宿衣人不候殿上事〕候殿上、是旧記」(30ウ)説也、但執柄無憚、又侍読人聴之云々、
朝餉ハ上臈女房典侍或只聴色也、候朝餉南端、中臈内侍或小上臈、候障子外、取伝下臈
也、又伝之、中臈下臈、得選又伝之、刀自持参御膳、近代無何往反、匡
房記、御膳時刀自持御膳往反鬼間、公卿候鬼間無憚、近代自台盤
所御簾出入、尤不便之由、関白〔家実（近衛）〕被称之云々、」(31オ)
朝餉ハ女房皆上髪、三位已上ハ釵子許也、暑気比、凡聴不上髪、
主上近代不着御、々々時ハ引懸御直衣、於朝餉御座供之、
供御ハ六〔四〕府供御先例等、置御膳棚後、付御厨子所、近代只直付御厨
子所、禁野交野等鳥同之、鷹飼舎人進之、」(31オ)
又御乳母御持僧奉供御、々侍読或進之、細々無何不可進、又メ諸
寺執行、諸社者なと、付折節如五色奉ハ例也、
朝餉御膳女房不候時、公卿或四位侍臣為陪膳、恒例也、堀川院御
時、多在此例、内々御陪膳、公卿・蔵人頭なとハ聴之、侍臣モ殊可
然近臣なとハ聴之、朝巳時、夕申時之由、」(32オ)寛平遺誡也、但三度
供之間、近代昼未時、夕入夜歟、如菓子ソ、必先一献内侍所ヲハ置

御膳棚、不限菓子、万物同之、又食物必出殿上、置台盤上、人々
食之也、

一、●御装束事

御冠毎月為納殿沙汰御冠師献之、蔵人盛柳筥持参、臨時又被召、
依仰」(32ウ)奉之、角上程ニ有穴、以羅引塞也、薄額也、然而暑天更不
叶、只半額也、半額トハ厚額ニハアラス、又透額ニモアラヌ也、御冠ハ
白地ニモ不御跡方、在江記、巾紙ハ以檀紙用之、
御梳櫛事
御梳櫛ハ無何人不奉仕、典侍若聴色上﨟也、公卿又可然侍臣或奉
仕、」(33オ)
御本鳥事
御本鳥ハ紫糸也、本鳥ヲトリテ、サキヲ一ニ結分也、是非臣下作法、
帝位御作法也、略之時ハ又只有モ非憚、可然之時ハ必可結分、尋
常ニモ結分也、
奉幣発遣時、帛御装束也、御冠御帯無文也、或冠ハ被通用只時、又
自他所行幸之時、赤大口ハ不改、他ハ皆帛御装束タル」(33ウ)一説也、尋
常黄櫨染、文竹鳳、半臂、下襲、打衣、略之常事也、袙、普通、単、表袴、霰地管、
大口也、袙ハ一常事也、二ハ本也、半臂黒、下襲ハ打裏、皆文小葵、
襪無文、帯ニ尋常有文玉、夏ハ張単、半臂、下襲之上下《々々イ》ヲ列《別歟》ニスル事、
主上ハ不可然、
青色、文ハ同黄櫨、臨時祭庭座、賭弓、弓場始等」(34オ)被用之、又朝覲行幸
後出御之時、或被用《之》、引直衣ハ有帯、昔ハ只引給、歟一説也、近代用帯、前ヲ
普通直衣ノ少短程着也、
直衣、冬ハ小葵桜、裏夏単文、如臣下、冬ハ小葵白二衣、有単紅打衣
張袴、略儀生袴、如女房、腰ヲ引廻テ前右方ニ結テ末ヲ股立ニ入、夏ハ紅
引へき無文」(34ウ)単重也、皆略時不用打衣引へキ、常御着御《本落字歟》〇《々服》練白
二衣赤生袴也、而近代小袖ニ用赤大口、建久以後事也、又自同頃直
衣ヲ引上テ如只人ニテ着大口、不可為例歟、小袖又無文也、用綾雖
無憚、建久已後時々如此可止事也、志々良練貫ハ無憚、袴モ織生無
忌、」(35オ)
御宿衣紅、文立別雲、又白無文、ネリヌキシ、ラ常事也、不用生宿衣、
湯帷ハ如常、内蔵寮所進、近代無下軽微也、但天位《子イ》着御物、以疎為
美、
内蔵寮、臨《賑イ》時可以《本伿他イ》人先調進御服有例、寛治《堀川院》政長也《女イ》、御匣殿候御之
間如此、尋常ニハ毎月二衣小宿衣袴奉之、直衣ハ」(35ウ)四月・十月・
元服之時給装束事
正月、束帯同之、臨時祭使給料進之、其外ハ随別仰、人々元服等時
申此装束、半臂、下襲、表袴也、加冠一、又直衣許常事也、其も冠
一、指貫ハ不具、主上五節帳台一夜着御也、但又被具指貫有例歟、
御装束奉仕ハ公ノ卿中定其人一両人」(36オ)着、若不参者、侍臣中召之、
六位努々不可参云々、如引直衣ハ女房参之、其も与侍已上也、
無何蔵人者不給御衣、家保初参給、周防内侍遣之、顕季追遣之、修理大夫、堀川院御乳父、其時記、家保ハ神妙、無何
人不可給云々、

一、●神事次第

二月四日祈年祭、前後斎、白川院仰也、他説自一日不用之、」(36ウ)
二季祈年穀奉幣、前後斎、雖為廿二社供魚味、
二季月次神今食、自一日至十一日也、十二日朝解斎、仍自一日僧尼重軽服人不参、

九月例幣、前後斎、但無行幸之時ハ、真実御身潔斎ハ自十日也、中祀作法同之、
十一月中卯日新嘗祭、自一日至其日、辰日解斎、神事様同神今食、但先例五節之間、丑寅日或軽服人参、然而不可参事歟、有行幸之時、殊可有潔斎也、
十二月内侍所御神楽、当日神事、是小祀神事也、」(37オ)
已上伊勢事也、僧尼重軽服并仏経憚之、神今食例幣新嘗会、已
上四ケ度神事、必一両度ハ有行幸可被調其儀、夜陰臨幸実非民
愁、
貞観殿観音事
仁寿殿観音被渡貞観殿、或出真言院、僧尼進物不供御膳、
女房月障、凡ハ自始憚七箇日、但潔斎」(37ウ)後雖不満七日、参御所、
殊清役ハ可有用意也、
鹿食已下事
鹿食蒜産此三事非深忌、但近代卅日、如式ハ七日也、蒜ハ無忌、
群行忌事
公卿勅使斎宮群行殊神事也、止音奏警蹕、但堀川院御時、間々
有管絃興、又不憚作文之由在旧記、」(38オ)但神事日、如此事無詮事
歟、妊者ハ五月以後忌之、或三月已後、同夫ハ当月猶不忌、不入
内院許也、
歳下食沐浴不忌、是白川院仰不憚之云々、
六種忌不弔喪、不問病、不食宍、不作楽、不判刑殺、不決罰、
又不預穢悪、穢ハ穢悪ハ仏事也云々、」(38ウ)
臨時於東庭御拝如勅使時、指テ被申事古来定有之、寛治八年伊
勢事、不落居給《時イ》有之、
賀茂祭、自一日神事、有灌仏年自九日、或説雖無灌仏自九日神事、是も被用例也、

神事様、太略同神今食等、但自一日雖為神事、御身殊神事ハ自申日也、是故実也、
八《精》幡、賀《魚》茂臨時祭、二《魚》季平野祭、祇《精》園臨時祭、
冬《精イ》日吉祭、已上小祀当日神事也、皆有御浴殿、有御禊、臨時祭ハ至還立也、」(39オ)
二季、春日、大原野、松尾、吉田、梅宮、園韓神祭、
又八《幡イ》月放生会、皆有男女使、已上当日神事也、精進ハ可依社、春日使立日神事也、但当日ニモ可神事也、
大神、広瀬、龍田等祭ハ、使立日神事也、
神事之躰皆同之、又使不立諸社祭ハ、非強神事、
元日四方拝、自前夜潔斎、」(39ウ)
二季御燈、三・九月三日、近代由祓也、
自一日精進、不供魚味、僧尼服等同他神事、御禊後ハ供魚味、憚
人参、
　已上、三辰御精進、子細大略同神事、
一、●臨時神事
於東庭有御拝、是同公卿勅使時・伊勢遷宮等時、又随叡慮、臨時
御拝、或」(40オ)三日・五日なと皆有例、
御物忌時モ敬神無憚、於東庭有御拝也、且寛治六年伊勢仮殿遷宮
夜、雖為御物忌於東庭有御拝、
一、●仏事次第
天子者専以正法為務、是則仏教興隆也、恒例仏事諸寺破壊可有殊
沙汰、其上」(40ウ)自御行ハ可在叡心、堀川院御時抛万事ヲ習真言、二
二間観音事
間御仏供養連々、後白川院御時於禁中被行千日講、上古も清和天
皇殊帰心朝暮有御行、其外代々聖主雖有事之浅深、皆有御行也、

但神事日々《者イ》不可有其儀、御斎会・二季御読経・仁王会・最勝講・仏名等雖《皆》有」(41オ)其儀、其断《本侭》無元《其料無足》、《不イ》近代御読経僧退下如緬縛取立首《本侭》、是非善事、罪業也、如此沙汰能々可有事歟、殊御願日々可有御精進、凡六斎日、十八日、御本命日ハ、必可御精進、他所善事等、又同不可有懈怠、臨時事ハ可随御意事也、但旦暮持念珠、念仏なとハ不可然事也、真言法華経其外」(41ウ)殊御用御経等ハ必可有御誦習、御師ハ御持僧中可選其人事也、堀川院御時、唯識論誦習御師永縁欲召、匡房《(大江)》難申之、雖大才猶浄行人可為御師之故歟、

一、●可遠凡賤事

天子者殊可被止御身劣、是難尽筆端事也、」(42オ)

仮令供御陪膳ハ、聴色女房又典侍不論善悪候之、前典侍なとの非当職類ハ、無何着禁色雖参、不可及御陪膳、

公卿蔵人頭ハ無憚、四位侍臣ハ昼御膳参之上ハ雖無憚可選其人、無何不可用、南殿之儀采女雖為陪膳、只時不可用之同事也、乱遊之時なとハ如湯無何進事、少々」(42ウ)近代有歟、尤不可然、予時ハ少々如此、可止可止、家嗣・宣経なとハ時々候陪膳有何事乎、於女房者典侍ニ不及輩一度モ不聴之、

《僧正取御剣候御陪膳事》御持僧ハ聴之歟、但近代無其儀、其も貴種人ハ可聴之歟、鳥羽院御時、行尊僧正夙夜祗候、定候御陪膳歟、炎上時取」(43オ)剣璽、さ程の事時ハ、雖其忌有沙汰後被謝申、御装束なとにハ不可懸手、御衣ハ内侍已上ハ聴之、然而正候御装束ハ同陪膳、但侍臣ハ聴之、其も近衛司なと也、六位蔵人不取御衣之由在旧記、況於御装束乎、而間々有其儀、可止々々、所衆・滝口乍地下近候習也、但御」(43ウ)口移御手移不可然、堀川院御時、楽人等偏無便之由、匡房《(大江)》大難、尤不《凡卑者事》可然事也、凡卑限六位蔵人・下﨟女房也、有芸者依其事近召事近《如猿楽参庭上不可然事》代多、如寛平遺誡不可然、況如猿楽参庭上可止事也、村上御宇、為平親王子同《本侭》時、布衣輩渡御前、延喜御時、京中」(44オ)上鞠者被召仁寿殿東庭、如此例雖多、不可有尋常事、但楽人随身ハ聴之、宿仕人其モ可依事様、旧記、布衣者入禁中、公卿雑色一人聴之、宿仕人為陪膳青侍一人聴之云々、是不叶近代法、但前駈侍雑色ハ不入日月華門内、近代モ如此、為衛府者ハ、女御・后御方ニモ」(44ウ)聴之、文官ハ衣冠也、殿上逍遥ニハ渡北陣、頭已下至于所衆・滝口同之、滝口ハ勿論、所衆ハ雖末代不参、布衣時也、

下御庭上事、如御拝之時無憚、准之建久已後、敷弘席有蹴鞠興、是後悔其一也、賢所入御之時者常事也、付興遊、凡卑殊不可然事《主上為臣下事》歟、内々習礼等ニ、」(45オ)白地ニモ主上為臣下、高倉院、張児ヲ為主上、不吉事云々、凡御身為臣下、大禁事也、無左右出簾外見万人、能々不可然、乍簾中之条在寛平遺誡、但幼主時、如此事不能制申、但下劣事、返々可有用意、無何畳ニ御座尤不可然、近代ハ建久已後御少《〔小〕》袖」(45ウ)赤大口常御皃也、誡長キ袴ニ一衣モ不相応歟、

堀川院御時まてハ、白地ニモ渡座、乗船ハ大井《川イ》行幸用倚子、然而舟中倚子有猶予、鳥羽御乗船、堀川用平敷座、倚子在御座辺、近代ハ勿論歟、内々御行歩ニハ必不用昼御座御剣、」(46オ)内々用他御剣、近比作法、是ハ非得咎歟、如御草鞋、六位奉仕雖有例、非普通事、

一、●諸芸能事

第一御学問也、不学則不明古道、而能政致大平、貞観政要明文也、寛平遺誡、雖不窮経史、可誦習群書治要云々、是彼時不窮ハ末代之大才也、後三条・」(46ウ)高倉雖大才天運不久、白河・鳥羽・後白河雖不然吉例也、近代万人称之、尤僻事也、白河・鳥羽モ非浅才、凡如此例ハ嬾時事也、只可為宗才、誠鴻才マテハ不然トモ、浅才尤見苦事也、識者ハ又勿論、天下諸礼時御失礼、尤左道事也、後三条・白川殊有識也、必々」(47オ)可学之、

第二管絃、延喜天暦已後、大略不絶事也、必可通一曲、円融・一条吉例ニテ笛代々御能也、和琴又延喜天暦吉例、箏同之、琵琶雖無殊例可然事也、笙・篳篥未聞、笙ハ、後三条院学給、篳篥ハ不相応事也、音曲ハ上古モ有例、」(47ウ)堀川院内侍所御神楽時、別々有此音曲、鳥羽・白《後イ》河催馬楽雖不窮其曲、已晴御所作了、又後白川院今様ハ無比類御事也、何モ只可在御心、笛ハ、堀川・鳥羽・高倉・法皇(後鳥羽)代々不絶事也、但箏・琵琶何劣哉、

和歌、自光孝天皇未絶、雖為綺語我国」(48オ)習俗也、好色之道、幽玄之儀、不可弃置事歟、

此外雑芸ハ有御好モ無難、無御好無難事歟、詩情・能書等、同殊能也、

一、●御書事

天子御書、惣不書御名、雖父王不書恐々字、但予恐仙院(後鳥羽)超先代(土御門)、仍間」(48ウ)恐々謹言ト書、或又只謹言也、普通ニハ只候也なとかき給《終イ》也、院《後鳥羽》御書如此、其外親王・大臣已下御書ハ如此、只公卿・侍臣なとハ、有別儀遣御書、其ハ中々無別作法、御持僧又同、后・女御已下於女房者、無定子細勿論歟、料紙ハ女房許ハ多薄様、後々檀紙也、又礼紙ニ」(49オ)逐申ト書事ハ、惣せぬ事也、只指サケテ可書ハ書也、

一、●御使事

依人依事有差別、蔵人頭・近衛将・五位蔵人・六位蔵人等也、又所衆・滝口等無難事也、細々事ハ蔵人無難、依事定勅使ハ不可勝計、在別記《江イ》、中品事」(49ウ)殿上将佐也、又女使有之時、式定事也、又臨時事在叡慮、

一、●被聴台盤所之人

無何万人乱入、尤不可然事也、執柄人并子息なとハ勿論、其外ハ殊難去大臣納言之間、両三人ニテ可足、而近代旁子細面々所望之間、及数輩、御乳父人ハ」(50オ)必聴、御外舅勿論、乳父子モ一人なとハ聴、院《後鳥羽》御時高能、新院《土御門》隆衡、当時範朝類也、崇徳・後白川御時、実行兄弟不及左右、又高倉時忠、院《後鳥羽》信清、当時範茂《範季卿子》なと雖難比彼等聴之、御師匠人依召参例也、侍読人候鬼間、依召参常事也、院御時実教」(50ウ)為御笛師参、依彼例、近日定輔度々召入、後々ハ又雖不召参入、

八条左府并教家卿なとも良久不聴、依所望聴之了、近日聴人々、関白、八条《良輔》左府、左大臣、右大臣、良平《醍醐太政大臣》、教家、基家、教実、此人々云事寄云其人不及左右、頼実又勿論、忠経、公継、」(51オ)公師経坊司也、信清以時権勢参入、定輔乳父、範光、資実、光親、有雅、

範朝、範茂、皆有謂、然而済々無極、花山院御時、三条関白《廉義公》不被聴、尤可有秘蔵事歟、院御時依御乳父聟公経参入云々、

一、●聴直衣事

聴入立之人ハ、定聴直衣、其外ハ侍読」(51ウ)聴之、不然人ハ、可然人少々聴之也、五節帳台御共人一向ニ上古ハ近臣也、而近代偏清華、崇徳御時、実隆、通季、実行、実能、一夜聴之、准之高倉院御時、時《(平)》忠候帳台御供、世人嘲之、近日入立外、聴人々太政大臣公房、内大臣通、公経、家嗣、依帳台御共聴之、又忠信為」(52オ)上鞠聴之、実氏参東宮之間聴之、頼平宰相之時無何聴、上皇《(後鳥羽)》有御後悔、無何人宰相時ハ不聴、崇徳院御時、宗能夙夜奉公聴、世人恠之、忠頼直衣始着之如何、御乳父・御侍読ハ皆聴之、頼範、為長、範時類也、聴昇殿、近代不謂是非、上古不輙、中古猶有勅、上古同侍臣昇殿、中古両頭なと」(52ウ)為其人歟、康保具平《後中書王》着袴日、民部卿奉仰々《〔云カ〕》、参議重光昇殿、民部卿伝宣、重光下殿舞踏、仙院東宮同之、在衡《左大臣》中納言始聴昇殿、経《依イ》親王参上時也、

一、●近習事

万機被任叡慮ハ、如此事繁多也、公卿ハ」(53オ)如注前、聴簾中直衣類也、只夙夜侍臣等不可広《庶イ》走《遠イ》、付其能参御前事ハ、不謂親疎、只旦暮結上ヲ候也、高倉院御時ハ、近習猶不上結、又或束帯也、自院御時以上結謂近習也、高倉院御時、通親、通資、泰通、隆房、経仲也、院御時、信清、公経、範光也、御成人後済々也、予《(順徳)》代始、或坊官旧労」(53ウ)御乳父之親知等済々也、而自院皆被止了、仍当時ハ雅清、為家、資雅、宣経、範経等也、又重長常候、又敦通、宗平、経長等蹴鞠・管絃友也、雅清内々外記許ヘ不審事なと令尋、世人難之、但以職事被尋ハ式也、内々事以近習令尋古来例也、而不知人難之、後白川院御時、」(54オ)通宣《憲イ》子共可《不歟》補職事亦皆如此、伝奏例多事也、

一、●御持僧事

於僧侶無双精撰也、古ハ不過三人、次第加増及六七人、近代先俗姓後智行之間、美麗若僧事行粧着美服済々、尤為朝家無由、只戒行相応凡卑僧為君第」(54ウ)一歟、東寺一長者多候夜居、又山寺各一人必可候三壇不断御修法阿闍梨、不動、如意輪、其中験者必可加、旦暮奉護身玉体也、寛平遺誡、忘本寺有制歟、然而其条近代僧雖不召禁中、大略忘本寺躰歟、最勝講之時、於《〔御カ〕》持僧交証《議イ》誠候簾外有其例、所詮不可過五人若六人也、及八九人尤」(55オ)見苦、近来ハ法親王多之間、親昵難捨、又摂籙親知等、凡貴種輩多、仍又真実知法人大切也、近ハ如吉水可然人也、長其道者尤希如何、御持僧付万人重事也、仍間及奏事、但口入叙位除目、尤不可然事歟、大望不叶、定腹立、自兒召仕者、近比多元服望蔵人申官位、末代弥」(55ウ)此儀多歟、可有用意、御持僧人数及承久比為八九人、尤不可然、凡承久《元イ》末済々、如此代末、殊可慎事也、且不快例、承久東寺、成実辞、道尊辞替、山、尊快親王、真性、承円、円基、寺、道誉、尊任、良尊、

一、●御侍読事

紀伝御侍読、能々可有精撰、世之所許明事也、」(56オ)東宮践祚御書始以前モ、公卿勅使宣命草、御修法御祭文様物、坊時

学士得之、又雖非学士、専一人候之例也、御書始後御侍読者二人也、而三人又有例、常事也、及四人雖有其例不甘心、況仲章横参時及五人、不可為例云々、

明経高倉院御時、清原頼業依才名被」（56ウ）召、世人聴之、但不聴殿上、仍立砌奉授、

堀河院御宇、楽人清任奉授笛、（村上）天暦御宇、秀高例也、但如此管絃、地下御師匠尤無由、同御宇、多忠方近方近本侭等イ給神楽曲、是不令深絶イ家之故也、別儀歟、

管絃ハ一条院ハ十一歳、円融院被伝申、然而大弐高遠為御師範、其後近例、」（57オ）堀川院御笛、備中守政長、鳥羽院笛、後白川院催馬楽、今様、資賢卿、遊女乙前、二条院琵琶、少将通能、高倉院御笛、大納言実国、（後鳥羽）院御笛、実教卿、（順徳）予琵琶、定輔卿、御経師殊有清撰事也、堀川院御時、唯識論欲召永縁、（大江）匡房雖為大才、猶非清浄ト思ヘリ、上古殊有撰、後三〔条脱〕明禅、万人聴之、堀川良意、寛治八年十月十四日、於二間、已下准之、」（57ウ）

近院ニハ寛友慶イ僧正也、

一、●殿上人事、公卿侍昇殿、上古仰之、雑袍同仰之、

廿日十夜上日、代々有沙汰、猶難叶事也、於末代更不可相応、尤見苦、有御志之輩ハ雖乍卅日可候、近代六番猶〇難歟叶、只吉程ニ可有沙汰歟、好花族之輩、自弓場殿参歟、不居渡殿下侍、是近日事也、」（58オ）

中古モ雖有比類、近代之様不似上古、不着台盤、着ハ又人咲、不可説様也、

又花族人不入結番云々、近太政入道頼、頻、了、但又（藤原）経宗兵衛佐時入番如何、更不可依器事歟、

非参議大弁、或入或不入、誠幼少人ハ不入也、仍自然可然人被除ハ、近代芳心也、更」（58ウ）非花族之儀也、

関白息勤仕雑役事 寛治之比、関白息猶勤仕五位雑役、火槽・衝重等也、于時師忠卿曰、我侍臣之時猶被免如此役、況於執柄子、誠如然雑役ハ、尤不可然事歟、

貫首五位蔵人之間、一人ハ必可候禁中、是旧記説也、」（59オ）

近日侍臣為女会、為見物如直垂参入、末代習中猶不思議也、尤可為恥事歟、

凡員数ハ廿五人、具六位卅人、見寛平遺誡、非職・小舎人在此外、

近代童殿上ハ希代躰也、上古公卿十五六人時、殿上人及百人、貞観寛平比、其後公卿及百人、殿上人許少、尤無詮、況殿上」（59ウ）役送近イ日繁多也、及八十人有何事哉、新院御時百余人、当時七十余人也、

抑補所々別当、殿上所宛外公卿侍臣補之、上古多頭仰蔵人、所謂上古織部司、雅楽寮別当、可然侍臣也、或又公卿也、康保中納言（藤原）伊尹為雅楽寮別当、又（藤原）兼通為天王寺別当、醍醐・元興寺皆補之也、」（60オ）

一、●蔵人事、殿上小舎人蔵人奉仰下知小舎人、

員数五人、中古六人常事也、七人有例、随不置五位蔵人、臨時叙爵尤可止事也、公卿侍臣息、幼少ナトハサモアリ、只諸大夫等子預臨時爵、尤無由事歟、凡望成業者、多年被越人、不叙爵例也、而近比モ一二藺叙イ留、尤不可為例也、近代左道蔵人等浮雲之類、此職生涯」（60ウ）面目

也、仍付万事存花族作法失礼、只可然輩ハ、更不可存此趣事歟、叙爵或月内、或次月還昇、先規纔有両三年○本侭、時家光、範経二人也、

蔵人ニ給御衣、只時被捨なとハ不及子細、初参之時、可然人子一イなとの外不給也、

昔天暦御時、雅材給装束ハ、自内蔵寮○調進イ、」(61オ)堀川院御時ハ、又御乳父調之給、是等ハ又別事歟、

五節帳台夜指貫、淵酔日蔵人給着、有例事、其ハ有何事、

又初参時、御前召、非蔵人転職事時不召、可然人子又幼少者なとハ夜参、又二日三日ニテ召、尋常事也、成長凡卑」(61ウ)者ハ七日也、暑気寒天ニハ五六日ニテ召、故実也、召朝餉古蔵人一人具参之、以内侍問年、是流例也、又非朝餉随時召便所例也、

高倉院御時常如此又(ママ)、

又初参吉書、其モ可然者なとハ召朝餉、不然ハ付内侍出清涼殿、希代例也、予家光時出之、是高倉院御時、資実卿」(62オ)例也、召御前事、非職同之、非蔵人四人也、間々五人也、六人有例、不可然事也云々、公卿侍臣子外ハ、自家直補蔵人無之、諸院宮蔵人判官代也、凡補蔵人道有浅深、

第一、公卿侍臣子、是不及左右、　第二、非蔵人、
第三、執柄勾当、　第四、院蔵人并母儀蔵人、后六位等、
第五、所雑色、　第六、成業儒、」(62ウ)
第七、所々蔵人判官代、

凡補蔵人、延喜天暦御記、頭奉勅向大臣亭仰之、又召御前仰之、或又彼御時、内侍宣也、頭已下五位蔵人下知之、小舎人向彼家也、

一、●蔵人所雑色

本員数八人、代々皆転蔵人、仍公卿子孫、又可然諸大夫多補之、近比モ少々ハ相交、」(63オ)但多ハ良家子、不可説僧子、并不知父物等補之、尤不可然事歟、雖為諸院宮后判官代蔵人、不可着指貫、只狩袴也、東遊時持陪従琴、是左道役也、然而付職如然事、恥思ハ非重代者所為也、更々不可有劣儀歟、上古上卿仰之、近代頭下知蔵人、々々仰出納、下名簿、」(63ウ)

同衆

員廿人也、又有官不可過一人、煤払、日月蝕、席引役、又諸御装束奉仕之時ハ昇殿、仏名々謁猶本侭上簀子、廿人内少々召仕テ、近候壺、流例也、

或給所々公役、又上日ヲモ給之也、公役モ、関白直廬、又鳥犬等ニ付テ不可過一両人、」(64オ)有官者候御壺、高倉院御時康言也、蔵人仰出納下名簿、六位着蔵人所、所歟者衆束帯付簡、蔵人令付之、居湯漬之時蔵人退、故実也、

一、●滝口

員廿人、無有官明太略同所衆、但白地ニモ不昇殿、公役躰同、但御船公役必滝口」(64ウ)也、着布衣、旦暮候砌下、九条関白殊制申、但非難歟、遠所勅使等公役随仰奉仕、無定様、又栽草木様、雑役皆例也、無官或内舎人将曹志進等補之、院宮・親王・公卿・侍臣等皆

挙申、頭下知蔵人令仰出納、召付若有試、蔵人一人於左近的場試能射例也、天徳四年七人召加、又」(65オ)於弓場試時、公卿侍臣等試之、此《学生試事》等上古例也、凡学生試モ於弓場試也、

一、●出納

三人、是蔵人方一切奉行者也、夜陰外不衣冠、又候御壺躰事、無先例、

堀川院御時、如鳥闘被召連、猶不甘心事也、而出納ハ上古内親王・大臣など挙」(65ウ)申、蔵人下知下名簿、付学生・明法生・諸国目なと補之、

一、●小舎人

六人、近代及十二人歟、此等事更非三《御イ》品成敗、一向頭蔵人計之、如出納如鶏闘参事、彼御時例ナレトモ不甘心、近年万事雖廃、彼等ニ不見目、近代好花族、動存無礼、尤」(66オ)不可然、清涼殿御装束時、頻好昇殿、予(順徳)度々以蔵人追下了、

近代公事六位無沙汰、偏只出納・小舎人沙汰也、誠雖為奉公者追日潤屋躰也、着美服又望衛府志、懸老懸如殿上判官、尤不似先例、昔ハ多日《白歟》張装束也、普通衣冠猶希、況着衛府装束、近日事也、可止々々、」(66ウ)小舎人召加蔵人下知、有名簿歟可勘、御冠師ハ頭仰之、絵所別当ハ召望名簿下絵所、一切皆可准之、小舎人多補史生、

一、●地下者

有半殿上者、近代不見、公卿侍臣子息未昇殿之時、蜜々ニ参御壺ハ別事也、成人者ハ如近衛司ハ雖不昇殿、南殿辺ヘハ不憚、」(67オ)只○《不昇イ》殿上許也、不及侍臣、仮令蔵人五位なとハ、白地ニも不上御縁、高倉院御時、仲国夙夜奉公着衣冠、近日モ琵琶引孝時如此、是候楽所之故也、又侍衛府少々候御壺、是及末代可多、院御時モ少々候、当時モ少々候、陣直之由にて衣冠ニテ候、雖非強憚、不可吉例、」(67ウ)

堀川院御時、楽所者朝夕候砌、管絃御好之時、如此事恒事也、一向ニ楽時許被召、有何事哉、人子なと、内々小冠・小童等ハ不可説装束モ、中々無沙汰事也、庭上マテハ参、但南殿・清涼殿ヘハ不可参、准上御局於便所可有御覧、南庭ニハ人前駈侍雑色不入事也、可有制止也、」(68オ)

一、●医師《道イ》

侍医ハ常近龍顔者也、召小板敷於殿上倚子奉拝天顔、又召便宜所候簾中テ、取御腹〔脈〕例也、後冷泉院御時、俊通、雅忠類聴雑袍、着紅梅直衣、近代モ無子細参御縁辺者也、但不臨殿上方、蔵人所如此者座也、然而蔵人所モ程遠之間近参也、」(68ウ)時成動居渡殿末、与侍臣物語、是過分座《儀イ》也、元三之外ハ着衣冠参也、典薬頭六人侍医外名誉者ハ別ニ被召、無何末生問生等不可参、

一、●陰陽道

大略同、但普通ニ不参御縁、是ハ束帯ニテ参也、近代軒廊外内々御卜之時、於蔵人」(69オ)所或便所有之、但無殊事之時、不可有御卜、在寛平遺誡、行幸反閇之外、時々有身固事、不可為例、只給御衣、可奉仕身固也、凡如陰陽医道候蔵人所也、

且元三御薬之時、医道着蔵人所、

康保四、陰陽博士道光亭《本侭》蔵人所、天暦、陰陽頭平野茂樹又如此、蔵人付簡、」(69ウ)

一、凡僧

公請ハ不能子細、又御修法伴僧外宿装束惣不入禁中、如宿曜師対面女房之故、参局辺、妻局縁ニ候なとするハ別事也、御所ヘハ不参事也、

一、●御匣殿別当

是ハ非女御・更衣之儀、只御所中沙汰人也、」(70オ)上古ハ不絶有之、内蔵寮外御服なと裁縫所也、後冷泉院御時、(藤原)頼宗公女候、其後絶無其人、

一、●尚侍

是大略可准更衣等、近代又絶了、

●典侍

四人也、此職尤重、為御乳母之人者、諸大夫女」(70ウ)聴之、只人ハ公卿侍臣女也、侍臣女ハ生公達躰也、大臣子ハ頗無例、大臣孫少々有例、所謂国信女也、只聴色、品人ハ不好此職事也、候御陪膳着禁色、青色、赤色、尤可恐思事歟、

白河院、親子ハ能信家者、父親国無下者也、然而為吉例、後白河院御時、朝子」(71オ)馬助兼永女、是ハ左道、但不補典侍歟、可勘、保元二年為従三位、其後ハ劣定殿上人女也、又雖非侍臣、知通女可准侍臣、

二条院御時、源光保女為御乳母、為典侍、院御時、高階清章女同之、但是等モ不過法、向後定左道人多補之、

堀河院御乳母四人、其外ハ不過二三人、近代」(71ウ)花族御乳母モ左道モ出来歟、

中宮御息所なと挙申有例、

●掌侍

六人、正四人、権二人、権自上古有之、此内以一内侍為勾当、随補日為一二也、雖為先帝内侍、当帝時後参ハ為下臈例也、先帝内侍必一両人渡、其内剣璽

不取剣璽事
渡時ハ、内侍二人直取之只時典侍伝之、授、」(72オ)授次将号送内侍、後代々不入禁中云々、但近宜秋門院兵衛佐、季長女、彼中宮時候其御方、雖非吉例如此、

凡ハ非可憚、嘉承ニハ久我大臣取剣璽置御帳中、次将取之、彼大臣更非不吉人勿論歟、為勾当先例有沙汰、

白河院仰曰、非別宣下、頭承仰々其人」(72ウ)許也云々、内侍有障之時、用代官流例也、其ハ内侍ニ成ぬへき品中臈白地着内侍装束奉仕其役、是例也、

延喜十五年御記、神今食内侍有障、以命婦為代、雖無例准他事為代云々、是根源也、禁中殊重職ハ、尤可撰其器量補、品諸大夫公卿女、雖有例非普通」(73オ)事、納言孫又同品様程公卿孫也、又侍臣女也、生公達女、又只諸大夫女、是ハ殊父子なと不趁諸家者女也、但少々左道人交歟、尤可有清撰事也、雖不趁諸家、非重代者必不可補、

凡内侍官ハ僧女不補ヿ《事イ》也、

又其身人従者ハ不補、但執柄家ハ聴之、」(73ウ)

一、●女房
上臈
不謂是非、二三位典侍号上臈、着赤青色、候御陪膳也、
不補是等職聴色ハ、大臣女或大臣孫也、孫猶或不聴或聴之、
禁中ニハ無小路名、仍雖最上号大納言、」(74オ)上古可然之人女皆為
女御・更衣、只宦仕花族人不為最上事、但又有例非耻、新院御
時、督《能円女》三位按察三位雖為三品、不入夜御殿、不取剣璽也、是僧
女故也、
近代三位済々、東宮并親王御乳母、又○《無何》院女房等皆叙三位、力
不及事歟、仍禁中済々又有何事哉、是近代事也、」(74ウ)
先帝典侍、当時姿着禁色参内可止事也、権中納言狂者、頻予参不
可例、
建暦左衛門督局親兼女、依○《院》御許着禁色、是過分事也、但別儀也、
其後又中宮女房按察雅縁僧正女、是又参着禁色参、是モ別儀歟、但如此
事乱政也、但自中宮御方時々参之間、無何非可脱、」(75オ)建暦比家
経卿女不聴之、親兼卿女ハ聴、是非道甚也、但別儀中々不能子細、
●小上臈
不謂善悪、公卿女ハ号小上臈、着織物并表着也、侍臣女ハ依儀、
公達女ハ勿論、諸大夫公卿孫ハ、或為小上臈或為中臈也、可依父
官歟、僧女ハ依俗姓、」(75ウ)
生公達之、公卿適モ多ハ為小上臈、
近ハ兵衛、院御時、又当時大弐法眼成海女、成海ハ房官法師也、成
海父生公達也、是織物、万人引比類、不可為例、右京大夫ハ大納
言資賢孫也、而父雖為房官不着織物、依人異事也、
●中臈」(76オ)
内侍外不着織物類也、是昔号命婦、侍臣女已下也、諸大夫良家
子、医陰陽道等猶号中臈、八幡別当女同、凡一切者多中臈品也、
●下臈
諸侍賀茂・日吉社司等女也、皆称候名也、不及国名、但其内宿
老者、或賀茂祭為」(76ウ)命婦、渡後或国名云々、国名ヲモヨヒ又候
名モ有也、是近代如此、皆下臈ハ蔵人也、但近代中臈品、上品《古イ》蔵
人多歟、
凡女房、上臈・小上臈・内侍外、不入夜御殿・朝餉内、只中
臈ハ渡朝餉縁、下臈不渡之、中臈ハ不取御服、於局着紺紫〔小〕少袖
帷事、錦端席、御坐敷外不用事也、」(77オ)
●得選
三人也、又髪上采女兼之、近代花族過法、与女房大略無差別気也、
行幸時、持大袋与内侍同車、是不可然事第一也、但不然者不可叶
公平、故ニ無沙汰也、凡出車寄乗車女房タニモ近代例也、況得選不
可然事ナレトモ、行幸走」(77ウ)内侍同車之時ハ聴之、近代事也、
●采女
陪膳采女ハ尤可然事也、近日漸零落無極、尤可有沙汰事也、
陪膳采女典侍仰之、応和例也、節折蔵人依神祇官申、内侍宣也、
●刀自」(78オ)

刀自ハ、御膳（飯イ）宿、台所各別也、衣唐衣袴也、結中、但近代只衣ニ結
中テ着唐衣、是一向ニ御膳役者也、

●女官

台所女官ハ御装〔東脱カ〕物沙汰、不可口入供御、近日兼刀自、同類諸女官等
訴詔〔訟〕之時、群参外無殊事、御湯殿女官奉公物也、」(78ウ) 無指季禄、尤
不便、他女官如浮雲歟、

●主殿司

六人、近代十二人、花族幽玄送日添時、今ハ不取侍臣脱裏無《ウラナシ》、於
殿上沓脱、
不入御殿、而動臨除目申文撰定時進広廂、不可説事歟、申文撰之
時ハ、蔵人一人留殿上、此蔵人申文ナント伝貫首」(79オ) 例、近日蔵人
不知子細如此、不可説、
主殿司ハ美麗姿也、公人内可称神妙之職、

●女嬬

近代ハ不着衣、只少〔小〕袖ニ唐衣也、以左道姿御殿調度触手、上下格子
奉仕、是蔵人等如在不当故也、
御所中掃除指油等役、女嬬所知也、」(79ウ) 近代様不可説、動失禁中礼、
占便所為家、是寛平遺誡其一也、尤可止々々、

(五行空白)」(80オ)

(空白)」(80ウ)

下

●詔書　●同覆奏　●勅書　●宣命　●論奏　●表
●勅答　●改元　●廃朝　●天文奏　●焼亡奏　●薨奏
●配流　●召返　●解官　●除籍　●勅勘　●召人
●怠状　●召籠　●給下部　●焼失　●追討　●神輿
●赦令　●物忌　●日月蝕　●雷鳴　●止雨　●祈雨
●御卜　●解除　●御祓　●護身　●御祈　●修法」(81オ)
●読経　●渡御　●御馬　●赴任　●明経論　●雪山
●犬狩　●鳥　●虫

(五行空白)」(81ウ)

一、●詔書（改元、改銭、赦令、及臨時大事、為詔書、）
上卿奉勅、仰内記令作詔書、（無内記之時、弁草之、凡天下大事ハ儒弁草之、）上卿令持内記奏之、
入筥、天子覧之書日テ返給、上卿着本座、召中務輔若丞、於軾下給、
不入筥、省写一通、年号奥輔一人加名、（詔書式曰、別写一通印署送太政官、日之書様、其日ヲ月ノ下ニ書也、他字ヨリハ墨黒聊大ニ書也、）
寛治四年十二月廿日（宸筆二字也、廿日余ハ廿ト書也、）」(82オ)
承暦二年三月十五日（如此、）
改摂政為関白詔書、内記不書其日、
主上加其日、猶∩（主上イ）幼主儀也、未覧吉書トモ、
主上令書入給其日許也、寛治・永久・大治皆如此、

詔書覆奏

上卿奏之、天子覧之、書可字返給、年号」(82ウ)奥ニ聊上ニ書也、只可字一字也、

可書様、

天仁二年八月十日

可宸筆、年号、多ハ是ヨリハ上ナラハ可字モアカルヘシ、年号ヨリ一寸余可上也、

年号在二所、端年号ニハ不書、公卿連署、奥年号左上也云々、

保安尊号詔書覆奏之時、摂政忠通、」(83オ)有評定、奥年号ニ書也、保安二可字ヲ主上年号上ニ令書給、上卿宗忠示頭中将宗輔、公卿連署年号ノソハノ上也、仍被摺直了、大外記師遠宗忠同心也、

一、●勅書、書黄紙、自唐太宗貞観始之、

上卿奏之、主上書日、但依事歟、

延長元年当帝(醍醐)皇子二人為源氏、勅書、不書其日、」(83ウ)

承平元年貞信公(藤原忠平)上表有勅答、書日、

天暦十年論奏勅答、不書日、

但伴日、内記暗書日之故也、被問上卿、々々申延長例由、

貞信公准三宮勅書、公卿連署覆奏、頗違今案、依年中行事《本侭》人歟、

天暦《徳イ》四年十二月廿六日、息子給源朝臣姓」(84オ)勅書、明日当御衰日、仍延廿九日、勅書可忌御衰日歟、

凡詔書、勅書、勅符已上書日、詔書、勅書覆奏、已上書可字、論奏、諸衛擬舎人奏、書聞字、皇太子令旨、書日、

一、●宣命、

上卿奉勅、仰内記令作、先奏草、次奏清書、神社宣命御浴殿後覧之、諸宣命只覧」(84ウ)之、入筥、例状ハ或不奏草、以中納言是忠為親王、有勅命《答イ》、直下中務、

如奉幣有辞別、必奉草(奏カ)、其趣兼テ職事仰上卿、々々仰内記、辞別ハ一切事、天下奇怪、又御慎等事也、

一、●論奏事

太政官修論奏、公卿連署、大臣加名字、上卿就」(85オ)御所奏、主上書給可字、其様同詔書覆奏、

応和三年七月、公卿請停並行旧銭用新銭論奏、及康保二年三月日書聞字返給、

延喜四年正月廿六日、主上太子論奏書可、

凡可字聞字両説歟、多聞字也、可尋勘、」(85ウ)

一、●表

天皇依義譲上表、詞如臣下表《上歟》、近代無之、太上天皇尊号辞表、如臣下、中納言為御使、六位判官代一人相従伝職事、中事由、奏覧被返進之時マテ、被置御前、

大臣若内親王准三宮時、有勅答遣中納言、康子内親王辞年官年爵之時有表、摂政太政大臣表、毎度有勅答、大臣大将等表、近衛司若只侍臣置殿上台盤奏之、有御覧置」(86オ)御厨子、中殿、返給之時ハ返給之、大臣辞封表有勅答、第一表以近衛将返給、二度已下不加花足、三度給勅答、但太政大臣摂政之外、三度ニモ無勅答、大納言已下辞表、近代無沙汰、別当なと時々有之、是大略同事也、納言已下表、辞状不許者返給、許時使口勅、僧綱表返給時、使兵衛佐也、」(86ウ)

一、●勅答

一切勅答、職事奉仰儒者、使依其人、

一、●改元

代始改元ハ、即位次年定事也、其外ハ依大事有改元、職事・官外記等承之、両文章博士、式部大輔、又可然儒卿少々択申、諸卿於陣定申、職事奏其由、重可定申ト被仰、或」(87オ)有綸言、定以前職事奏勘文、有御覧返給、年号内可然年号無之時ハ、旧勘文被下常事也、寛治度被申院、近代毎度如此、嘉保自上被定歟、年号定之後、主上於朝餉令書給、其儀無別事、高檀紙ニ書年号字、一枚也、其後万人可書也、承暦元年など也、不書日、年号許也、元年字ハ書也、次主上着御引直衣、」(87ウ)張袴、出御書御座、有吉書、官方弁、・蔵人方頭、自南間奏之、主上取之置御前、復座後披覧之、置御座前、文下向御方、異大臣、給之如例吉書、〇《一イ》切奏事時出御清涼殿、而近代略儀皆於朝餉有之、於改元吉書者、必可有出御也、延久元年、依入夜、於朝餉奏之、希例也、承保元〔年脱カ〕出御中殿、又大内記作詔書、先草、次清書、改元」(88オ)後必有政也、

一、●廃朝

廃朝者諸司政如恒、天子一人不臨朝政、廃務者諸司不政、一日或三ケ日、廃朝後未行政以前ハ、神事外、他事有議、多者不行也、世大事火事薨奏時有之、依事浅深、或五ケ日或三ケ日也、廃朝三ケ日ト被仰ヌレハ止音奏警蹕、」(88ウ)禁中無物音、垂清涼殿御簾、第四日可上御簾、而当悪日及数日、或無沙汰ニテ第四日上御簾例有歟、但不可為例事也、

寛治八年、陽明門院(禎子内親王)御事、二月十日、奏遺令廃朝固関、依上東門(藤原彰子)院例三ケ日也、而十二日御衰日復日也、十三日凶会復日也、仍十四日朝被上御簾、又同年顕房公薨、五日薨、八日」(89オ)奏、自此日止音奏警蹕、帝外祖、而十日十一日共復日也、仍十二日雖為凶会日強不忌則上御簾畢、近正治、刑部卿三位卒時、被用彼例、自余或不然、殊ハ御衰日重復日忌、凶会九坎日忌不忌、如此事在時議也、彼顕房公時、警固ハ、十四日解陣也、雖可為三ケ日、依避日次、十二日忌上御簾、雖為凶会日及数ケ」(89ウ)日、有憚之故也、於警固者、雖及数日、依吉日及十四日、或記如此、郁芳門院(媞子内親王)准母儀人也、仍殊重、五ケ日廃朝、警固々関如恒、凡殊事ハ五ケ日、普通廃朝三ケ日也、承保四年、香椎宮火、承暦三年、神宮外院火、此等五ケ日廃朝也、其後守彼例歟、嘉承元賀茂、元永二鴨、大治神祇官等」(90オ)焼失、皆三ケ日也、准之可知歟、

一、●天文蜜奏、

天文正権博士并蜜奏者、毎有天変奉奏書、司天先参内覧人許、執柄覧之、加封進《返イ》司天、則給之持参内裏、於殿上口申事由、蔵人取之付内侍、天子覧之、執柄加封者、深恐外見之故也、封上書執柄片名、仮令家実ハ」(90ウ)家字、良経ハ書良字也、日月蝕翌日奏又同、殊大事変出現之時ハ不能進奏、倒衣馳参、夏始着冬装束、冬始着夏装束、有例、

一、●焼亡奏

有焼亡之時馳向、検非違使等参内、列立殿上口、蔵人下逢、殿上

判官或加列、尉下志上也、殿上蔵人」(91オ)於他所立正下五位、或立従上五位、両説也、但此時者多立尉下歟、蔵人聞奏状、進朝餉南庭辺、如申奏之、又雖何所参御所、或南殿或后宮御方、皆有例、陽明門大路、郁芳門大路ナト奏也、詞此外無別事、近代絶了、建久已後無此奏、禁中当神事不奏、宗忠公記憚復日云々、但復◯日例多歟、

一、●薨奏」(91ウ)

上卿着陣、外記申其由、上卿以職事奏薨奏之由、仰聞食之由、於外記指薨奏於文杖覧上卿、々々見之進御所、有御覧留文ヲ返給杖、薨後以吉日奏之、可有贈官位人ハ被仰職事、警固廃朝三ケ日由同被仰、止音奏下御簾也、上古遣公卿、近年無其儀、又薨奏モ絶了、」(92オ)上卿仰警固之由於六府、有贈官位時ハ上卿奏位記宣命、入筥、御覧後返給、請印後又奏宣命、位記使諸大夫相具内竪一人向彼家也、薨奏并位記宣命不内覧也、

一、●配流

先被定罪、後於陣宣下、可然人ハ有詔書、々々大内記或儒弁草之、上卿奏之、只凡人ハ口宣、」(92ウ)上卿宣下也、罪沙汰近流遠流次第有之、検非違使向彼家、或具武士被遣之、

一、●召返流人

宣下後触彼家、差使召返也、

一、●解官

罪浅深被定、有解官停任由、職事奏上卿、軽罪時、或被止兼官許、所謂伊通為隆口論」(93オ)時、皆止兼官、不止参議、

一、●除籍

侍臣等有罪過之時及除籍、頭蔵人承仰々蔵人、々々削簡、蔵人・非蔵人同之、殿上受領在後簡、同削之、応和、伊陟依狂病絶入、有沙汰、仰曰本侭天、于斉敏者只病故不仕、伊陟病無便近仕、若復本性之時可聴トテ、狂可削其」(93ウ)籍、依不同欲具注之、凡雖歟号下部彼病不能参内事也、

一、●勅勘

無風情見天気、閇門之外無他、

一、●召人

侍臣遅参、或称障不参之時、或遣実検使、称病ハ侍医遣之、凡召使ニハ殿上人ハ滝口、蔵人」(94オ)已下ハ馬部、康保節会少納言不参、以外記史部召之、蔵人方ハ馬部也、馬部召蔵人有通、乍着水干、引立テ参殿上口、希代珍事也、

一、●召怠状事

侍臣已下有怠時、怠状也、免時返給之、

一、●召籠

侍臣已下有咎時召籠、或令候殿上、蔵人頭」(94ウ)召籠ハ、非普通事、近公雅被召籠、師頼為頭之時、与蔵人定仲伺見五節帳台、于時無出御、有沙汰、師頼恐懼、卅日許籠居、為頭人勘事不聞事也、時人驚耳目云々、公雅事不可為例、応和、中少将四五人伺見除目、仍令召籠左右近陣、近代地下者ハ◯召イ籠陣、殿上人ハ召候禁中也、蔵人ハ或召籠横敷、仲資百日候」(95オ)横敷、蔵人頭私ニ召籠、恒事也、

滝口・所衆等或召籠御所中、或召籠于殿上口、片時も不免、殊重時也、
召籠人不従御膳、不参御前、
一、●給馬部吉上
所衆・滝口等有咎下寮、於殿上口給之、馬部相具罷出、深重時忽於殿上口切紐、引入」(95ウ)帽子、如面縛引張テ出有例、余人同之、或給吉上内、官外記ナトハ或給吉上也、又下左衛門府、或渡北陣、依事浅深也、凡如此罪過、能々可止、貞観政要賞疑従重、罸疑従軽、殊勝明文也、以不行刑為政道専一、現依聊事、蔵人等下馬部、懸水立池、尤不便所為也、能々思惟、殊罪科用之、少々咎不可用之、」(96オ)
一、●内裏焼亡
近辺有火之時、陣中ハ将佐柏夾帯野剣如法、寄御輿程帯弓箭、或随身弓箭、或只蹄矢又野矢、以蹄矢為吉、又用滝口弓箭無難、別当靭負佐等用火長弓箭、大将ハ此時柏夾也、馬ハ無定様、有随身人、随身移馬、或前駈馬、無定様、如近衛将用水干」(96ウ)鞍、用移并和鞍不可然、
装束ハ直衣衣冠布衣無難、不聴直衣之人着直衣、無憚准之、火未及近隣時、如此作法、無由、
主上ハ御引直衣生袴也、乗御腰輿奉舁、無定様、人々下人雑人随参会、相撲節前日有内裏焼亡、相撲人舁之、尤有便歟、凡様」(97オ)在時議也、内裏焼亡、幸他所、臨幸体如此、日之内又幸他所之儀同之、如御束帯、焼之間御装束同出御体、諸陣又不能改装束、剣璽ハ主上自持給有例、近衛将・公卿何も可随候、但行尊持之、後日被謝申、無何人不可取之歟、
内裏焼亡ニハ、必有廃朝、但、内（ママ）ニハ、或有」(97ウ)廃朝、或無廃朝、寛治、堀川院焼亡、自次日有廃朝、警固如恒、上皇又渡御有例、自門下御、内裏焼亡已後、必有殿上定、凡殿上定ニハ、主上着御殿上倚子、御直衣也、寛治評定如此、如節刀有実検ニハ、用近衛司、寛治顕実、先ハ以蔵人令求也、求節刀又弁官、天徳国光、寛治宗忠、皆相具将監求也、雖為穢中、両三日内、賢所渡御無憚、」(98オ)
一、●追討宣旨
有僉議、三関警固諸衛帯弓箭、追討使給宣旨、於陣辺大外記給其人、々々乍立給之歟、又被召御前之時、開弓場南戸参入也、只時不開之、直職事給宣旨、
一、●奉振神輿
仰諸陣被禦、又閇諸門、正神輿進給之時、」(98ウ)天子下地暫不復本座、諸卿已下作法、大略同内裏焼亡之儀、
一、●赦令
世大事、殊御祈之時被行、恒免者別当給勘文、下検非違使、或別当則為上卿、召検非違使、於軾下之、
一、●御物忌
御物忌之時、惣不出御他殿舎、中殿事於簾中有之、」(99オ)或出御広廂、不固之時例也、如四方拝ニハ、雖御物忌或出御東庭、於小朝拝不出御、是匡房中依敬神明天道也、然者如御禊ハ多出御広廂也、同記、

元三御物忌女官後取等ハ参籠、他人ハ外宿候殿上、不参御前也、寛治七年、小朝拝出御、外宿人列立、節会無出御、不得心云々、同記、御物忌時初参籠人、丑時可参之、或記曰、仏名之時、丑後公卿追参加名」(99ウ)謁、此儀同之、又不重ニハ被破常事也、御物忌数日相続、不快例也、少々ハ依軽可被破事也、八卦并禄命等同只時、延久元年三月、八幡行幸還幸日、十六日、当八卦并禄命御物忌、如此○(例イ)少々有歟、同御物忌ハ、或不固也、見新撰陰陽書、京極関白(藤原師実)曰、宇治殿(藤原頼通)於禄命物忌ハ、或固或不固、多有御行、只任意云々、依月建計之、或依」(100オ)節計之、両説也、匡房記、師房(源)不鎖門、宇治京極或鎖或不鎖、禁中御物忌時、諸礼近代公卿参籠聊難叶、仍多ハ不重ハ破之、近代万事如此、物忌ニハ不加御字、以柳造簡、三分計、指御冠纓上、御放本鳥時ハ付左御袖、書白紙也、丑杭已後、参入人ハ不候以前可参歟、大内儀諸司皆各別也、郭内猶不参、在清少納言記、職曹司候人」(100ウ)不参内、里内之間、陣中家居人、准大内大垣内参、尤不知子細也、御物忌(頭注アリ)ニハ諸陣立札、御殿之御簾ニ毎間付物忌、書紙屋紙、外宿人不参御前、凡ハ依物忌浅深、堅固時ハ殊重也、主上努々不出御簾外、毎日御拝時モ不上御簾、二間仁王講僧ハ雖外宿或参上、宜参籠歟、二間ニハ不付物忌、切御簾ニモ不付人、出入間ニハ不付也、外供御不」(101オ)進之、但御持僧加持テ奉ハ或供之、可在時議、殿上大臣小台盤不立、大臣参籠不普通之故也、不撤倚子覆、不上小蔀、裏返簡、

(頭注)「堅固時閇諸門、匡房記、犬狩有便之由、注之、」

御燈并臨時祭等、御拝如例、出御常事也、付御物忌也、又於簾中有之、或巻御簾一間或不巻、先例不同、御拝ハ伊勢幣ハ、多石灰壇、其時御笏自鬼間供之、御燈なとハ於昼御」(101ウ)座間有之、寛治四年三月御燈当御物忌、暫撤昼御座、其間ニ供御座上廂御簾、垂母屋御簾、付御物忌、宮主在東庭砌下、御簾巻、不巻、両説、官奏御装束ハ、巻御座間廂御簾、不付物忌、垂額間御簾、付御物忌、母屋御簾ハ皆垂、付物忌、但額間融ニハ不付物忌、依為出御之間也、不立母屋几帳、掌燈ハ除当間、供南北間、大臣進退有便故也、」(102オ)○(是)永久二、大治五、以延久嘉例被定、匡房執申可為指南、

諸穢皆大内別司各穢也、不引禁中、々々穢又不引諸司、有穢ニモ仰諸陣令立札、康保元、弘徽殿并橋下、小犬死時如此、

一、●日月蝕

主上当日月曜之時、御慎殊重、日五、十四、廿三、卅二、四十一、五十、已上不軽、(アキママ)」(102ウ)月八、十七、廿六、卅五、四十四、五十三、同之、不然年モ非軽、天子殊不当其光、雖蝕以前以後不当其夜光、日月惟同、以席嚢(裹)廻御殿、如供御、不当其光、日蝕ハ未明前、月蝕ハ未暮前、月不出前、人々可参籠、御持僧或他僧ニテモ奉仕御修法、其上於御殿有御読経、近代多薬師経也、不可説凡僧等参、上古ハ可然僧参、又不限薬師経、或法華経、」(103オ)永長此御読経被行兼日、大般若常事也、上卿一人着弘(孫イ)廂行之、有出居堂童子引廻席之上、内ニ引軟障、外席ハ所衆引之、内ハ蔵人引之、近代或有無何御遊、昔不然、嘉保或記、日蝕ニハ止音奏、雨下称音奏、又曰、凡曰月蝕、月内猶不聞食音奏、在宇治左大臣記、又止行幸警蹕、近代無此儀、可尋、雨下時、結願御読経撤廻席、」(103ウ)但不上御簾、惣殊有御慎事也、

一、●雷鳴
上古ハ、上卿召兵衛佐令候御前、諸衛警固、次諸陣見参、令給禄、
近代不及如然之儀、雷鳴又送年踈、近代ハ如蔵人持滝口弓候御縁、
若滝口少々召御壺令鳴弦、御持僧参会時令念誦、其外無別事、」(104オ)
一、●止雨
奉幣丹生貴布祢、上卿行之、使神祇官人、殊時蔵人、若非蔵人、
凡霖雨之時、有官寮御卜、随其状崇文、有、、〔辶イ送イ〕気方遣実検使、尋
子細、山陵同之、応和二年、止雨奉幣、猶不止、奉幣十一社、十
五大寺御読経、過法之時、有種々御祈、一切同之、奉幣社々十六
社、上七社、大原大神、大和石上、」(104ウ) 広瀬、龍田、住吉、丹生、
貴布祢、是○〔上イ〕古例也、神祇官人参丹生・貴布祢之時、神馬ハ召寮、
或内〔巾イ〕野〔牧イ〕放御馬、殊時蔵人参之時被進尋常御馬、或自院被進之、止
雨ハ赤色、祈雨ハ白毛也、応和御記、依式、止雨可奉白馬、而年来
赤馬也、都未仰下之由、為之何仰、令加奉赤馬、如延喜式、祈雨ニ
黒毛、止雨白毛也、而先々」(105オ) 有沙汰、祈雨ニ白毛、止雨赤色云々、
自中古流例也、応和、丹生使大中臣高枝申乗物申、請給御馬、仰
依請、康保二年八月御記、二社ニ被副進赤毛馬、（十二社内寮及野放、）
一、●祈雨
先以蔵人（若非蔵人、）令払神泉、承仰行向、集〔率イ〕人夫池辺石ニ水ヲ灑テ、高声
一同ニ云、雨夕へ海龍王、」(105ウ) 此事無所見歟、近代如此、限七日テ
無験時替蔵人、有験時、蔵人参申事由、召朝餉、内侍給御衣、
（白衣、或七瀬御祓単給之、永長、源仲正給紅打衣如何、）蔵人下庭舞踏、或退殿上口舞踏、又陰陽師奉
仕五龍祭、（或於神泉祭之、）一名雩祭、三日斎籠、魚味、御衣、御鏡、共不用
之、又龍穴御読経、神泉御読経、水天供、数人奉仕此供、有験、
二社奉幣同止雨、（黒馬、或白馬、）」(106オ)
又神祇官参本官、祭主承仰祈申、諸社奉幣随御卜方有沙汰、神祇
者有験、召殿上口給内蔵寮禄、（蔵人給之、寛治八、神祇少副中臣輔弘祈雨、於殿上口給禄、内蔵寮大褂、本官七ケ日祈、永久任此
例、卜部兼貞如此、）又祈山陵有宣命、其外御祈不可勝計、大極殿御読経、或七
大寺請雨経法、諸社御読経、僧綱於社々読金剛般若経、寛平例、
（八、賀、松、稲、春、住、）成崇社々有奉幣也、凡ハ不過二社奉幣、」(106ウ) 尤有験事歟、
必以殿上使可奉尋常御馬、祈雨ニハ忌赤色也、貞観於神泉有船楽、
応和ニハ於神泉被行北斗法、又十一社奉幣（木嶋、乙訓、水主、天雷、恩智、平岡、坐摩、生田、垂水、広田、
長田、）雷公祭ハ雖有験、頗絶畢、範俊行請雨経法之時、威儀師能筭
以意趣、壇辺放赤鶏云々、世人為珍事、
一、●御卜」(107オ)
諸社寺并所々奇怪珍事出来、先有軒廊御卜、上卿行之、神祇官・
陰陽寮卜申、上卿以職事申子細、被問軽重子細、上卿兼日問官寮テ
申也、可有御物忌、職事下知之、又不及軒廊御卜、内々事ハ召陰陽
師、於蔵人所被問、進卜文、皆連署、或三人若七人、神祇官トハ於
弓場点〔勤イ〕、如蔵人令卜、」(107ウ)
非強事ニ御卜不可行之由、在寛平誡訓、官寮不同之時、用官也、又
内々蜜々以女房書被問陰陽師家、常事也、
一、●解除
年中行事障子東、御屏風二帖立廻、（掃部密〔寮イ〕々有鎮子、）其中敷小席二枚、其上

敷緑端半畳一帖、青端也、御座左方立燈台供御燈、在打敷、先」(108オ)出御以前供物、

錫紵無文御冠、巻纓、蔵人盛柳筥、居土高坏、尋常御冠也、御衣御袴如恒、不着直衣、往代ハ、先着常直衣、頭一人、女蔵人二人、相従一人持唐匣筥、蓋入御櫛、一人加宇賀伊、頭取錫紵令着御、布御帯只一結、次御冠、次入御、女蔵人取常御冠入、次御冠」(108ウ)并錫紵給蔵人所、上古或錫紵布也、青鈍直衣也、而郁芳門院(媞子内親王)御事時、被問人、闕腋、治暦例、屏風ハ、其口許聊アケタリ、御衣ハ自内蔵寮給縫殿寮染之、向給方角被問陰陽師也、郁芳門院御事時、廿日錫紵、廿二日御除服、御装束如一日、改御装束御冠、還簾中、又供御装束、御直衣如恒、錫紵於川原祓、御冠ハ」(109オ)給蔵人所、被改御冠許、一説也、御除服後、於朝餉有吉書事、

一、●御祓、八十嶋在別

尋常如七瀬上巳等、内侍進撫物、上﨟伝之、撫御気給、使帰参之後、着御マネアリ、一切祓如此、毎日祓ハ、御衣許毎日御身上ニ引懸、保安或記、七瀬御祓使用四位五位、殊時用四位、五位少将歟、是代始也、」(109ウ)

一、●護身

御持僧中必一二人ハ一陀羅尼験者加之、朝夕候テ奉護身、鳥羽院御時ハ、行尊夙夜祗候、其外モ毎参内必有護身、毎日御拝以後也、神事時ハ又不能参入、護身時必引懸直衣、或隔物有之、二間ならても随便、南殿或后宮御方なとにても有之、只護身許ニハ七日なれとも」(110オ)不給布施、有御物付、必給禄、或有賞、后宮母后ナト有別禄御装束也、百日モ被渡物、神事時於陣外打之、物付ハ如只女房衣唐衣袴也、如萩戸有此事、中隔ニ懸御簾為隔、僧ハ居畳、物付ハ候板、立屏風於其後、打物置囲碁盤、有可問事、内々女房等一二人問之、物付起時、際御障子ヲ」(110ウ)タツルナリ、彼追《退イ》時進綱撫御身、生絹也、東宮時布也、

一、●御祈

御持僧外、御祈奉仕人過法多モ、中々無詮、宿曜師等、無何房々引軒注連、還見苦事歟、御持僧、又近代法親○《王イ》など、其外奉仕御祈之僧、不可過一両人、宿曜師不可過二三」(111オ)人、陰陽師又同、臨時ニハ雖済々可被召、長日御祈奉仕不可多、昔ハ造仏像与御読経殊御祈也、近代以修法祭為殊祈、是何モ依時事也、修法誠第一祈無双歟、造仏御読経又同、於公家殊御祈者孔雀経法也、二宗於真言院奉仕之、大師起請以宗長吏修、不論其人、必可有験也、近代絶了、其外三宗大」(111ウ)法東寺、延暦、園城、雖多、孔雀経、仁王経、大北斗、如法愛染王、如法尊勝、普賢延命、熾盛光、七仏薬師、尊星王、金剛童子等法、又五壇其外秘法供等不可勝計、依時且随阿闍梨申被行也、又依事可被行之、所謂祈雨請雨経、造作時安鎮、逆人時四天王、辛酉年金門鳥敏、五大虚空蔵也、如此事多、後七日太元恒例事勿論、御」(112オ)持僧長日三壇法外、必臨時恒例可被行、被造御仏ハ、丈六等身已下不可勝計、於二間有供養、又於別殿他所有之、木像ヲハ不立御帳内也、御読経(頭注アリ)二間、最勝講、仁王講、法華経、大般若、観音経等、故人説、不及卅口、御読経ハ、毎事蔵人方沙汰也、或御殿、或南殿也、千僧御読経、天変地妖、御悩之時、最行之、通万

事第一御祈也、」(112ウ)法勝寺、延暦寺、及東大、興福寺等多、観音経口別百巻、有度者、薬師経口別十二巻、仁王経口別五巻、
(頭注)「古人説不及卅日(口)、御読経ハ毎事蔵人方沙汰也、天変地妖之時、最行之、」
大極殿又同、七大寺御読経、使所雑色、天暦御記、同御読経、最勝王経、大般若等也、
諸社御読経、三ケ日、仁王経、金剛般若等、
同神馬ハ不吉時、定事也、只時ハ昔ハ不然、」(113オ)近代ハ内々常事也、
後冷泉院御悩之時有此事、建久末又有神馬、
穢中不行調伏法之由、寛治有沙汰定畢、又廃朝後御祈、忌重復日、五壇法時、重服人不候、寛治例、御修法当神事、白地出陣外、常事也、又小神事ニハ出僧許、仏ハ不出有例、於本寺本坊行、常事也、」(113ウ)
陰陽師御祭祓、属星、玄宮北極、太一、或三万六千神、老人星等、不可勝計、或遣御衣或御鏡、精進魚味皆依祭、蔵人多為勅使、或殿上人有例、斎籠ナトニ女房向其所、為代官例也、四界御祭ニハ、所衆・滝口各四人為使、八人也、

●御修法

於便所別殿被行之時、有渡御、初夜結願、」(114オ)又中ニモ任御意、其日御精進也、若俄御修法ニ朝供魚味、過六時有渡御、于時御浴殿、御引直衣張袴、或生袴、供草鞋、乍御袴踏入也、敷筵道、頭中将或次将取御殿御剣前行、束帯若直衣、殿上人候脂燭、頭候御共、入御聴聞所、主上或持念珠、立廻大宋屏風、供御座、御剣役人候屏風際、御修法」(114ウ)畢還御、又初鈴後還本殿、在旧記、御加持参二間、結願御加持ハ或召○中殿、垂母屋御簾、以第三間為阿闍梨座、伴僧在石灰壇、頭仰勧賞、又説、御加持後仰也、

●御読経

於中殿行時、垂母屋御簾、以帳間為御所、但必無定、或於二間行之時、於上御局聴聞、或」(115オ)夜御殿、公卿着座時有出居堂童子也、二間儀不及広、於南殿被行之時、多無渡御、但殊御願御祈ニハ有臨幸、
保安三年、南殿百座仁王会、主上御南殿乾角、掛御簾為御所、御束帯、頭中将忠宗取剣前行、先々御直衣歟、于時為隆(藤原)曰、凡出御南殿、皆御束帯、又幼主ハ直衣也、此説如何、」(115ウ)宗忠(藤原)公曰、交易御馬御覧時、非幼主皆直衣也、思之、御束帯無謂、可為直衣歟、
御願趣ハ天変地妖時ハ仰之、有別事ニ、又被仰、如然事頭之計也、執柄下知也、必主上不能出綸言、

一、●殿舎渡御

渡御殿舎、后女御方《々イ》へ密々儀ハ、自昔不及」(116オ)広、侍臣少々候御共、或小舎人童蔵人等候之、不及御剣、蔵人敷筵道、近代殿舎中皆有打橋、或不用筵道、御草鞋用之、御装束無定様、御冠ハ必着御也、有式渡御ハ、所謂女御露顕等ハ、公卿在御共、御直衣、寛治、堀川院焼亡後、大炊殿従東対遷御西対、敷筵道、主上御引直衣、」(116ウ)内侍二人取剣璽出、宰相中将経実、宗通等取之在前後、殿上人候脂

燭、関白已下公卿四五人皆束帯扈従、次有吉書、（蔵人方、官方、）先於殿上内覧、今度依密儀、無公卿饗饌并反閇、安和二年、円融院初渡御清涼殿、（是譲位時、）主上御束帯、有饗饌、内侍二人取剣璽、○《五位イ》侍臣候脂燭、此等例難比近代事、」(117オ)

●交易御馬御覧

陸奥交易御馬、或臨時召之、近来舎《衛イ》人上洛奉解文、弁内覧、次奏、主上出御南殿、（御直衣、）或於大庭上卿已下行之、三四反令騎、（如駒引、）有出御ニハ、上卿進簀子、候毛付也、於大膳職或馬寮飼御馬、不同也、又於仁寿殿覧御馬、」(117ウ)

南殿儀

剋限主上御南殿、（御直衣、如任大臣節、）御々帳西間廂大床子、大宋屏風在後、頭等候其辺、摂籙ハ不候、是有引分故也、但上古多候歟、上卿自東階進候簀子、次引御馬、（自日華門、）上卿、乗礼云、騎二三廻後、上卿曰、下利、次引立南庭、左右年預将并」(118オ)馬頭進立南階下、上卿曰、御馬取礼、次引出御馬、（左日華、右月華、）次上卿退下、（取副解文於笏、）次於陣弁以下引分将参、《已上本侭》上卿分之、院・関白家等也、走御馬ニハ用寮駒、或不走、依仰也、

一、●帥大弐諸国受領赴国

帥大弐赴任、上古必参内、召弓場賜酒肴」(118ウ)歟、次召御前給禄、（蔵人伝給、）件禄ハ白掛一領、御衣一襲也、（延喜興範友于如此、）或給御衣許、（天暦元名如此、）彼時召南廊小板敷給禄、拝舞退出、又殊被加半臂下襲上袴、又衵ヲ給、（実成、経家、重尹例也、）寛治、大弐長房赴任《府イ》之時参内、（十一日参、可赴任、廿七日）以頭弁季仲（藤原）申、来廿七日可赴任奏聞、次主上出御昼御座、（御直衣、）暫移置昼御座於」(119オ)南廂、（返《衣イ》燈楼綱、）南廂畳二枚為公卿座、其北敷円座一枚為大弐座、次召公卿、々々着座、（雅実已下四五人、）次召大弐、々々着座、殿上五位居衝重、（無飯、）先大弐前、次公卿前、次頭勧盃、（瓶子五位、）二献、大納言勧盃大弐、々々擬治部卿、三献如初、次主上目大納言、々々進御前、奉仰□□（復座）、目大弐、々々進大納言前、伝仰、是無」(119ウ)定様、宰府間事随時也、次頭取御装束給長房、下襲半臂上袴加大掛一、大弐下長橋舞踏、次給御馬、（不置鞍、官人引之、）経信（源）ハ取一領テ、他禄、道時基綱取之、経信ハ先於弓場以頭申事由テ、則着殿上、公卿以前召経信、是為上﨟故也、拝了入御、公卿平伏、匡房（大江）ハ依為重服、於殿上以蔵人奏」(120オ)可赴任由、次於弓場給内蔵寮大掛一領、蔵人給之、次給御馬一疋、凡大弐赴任日、内蔵寮殿上ニ居肴物、依餞儀也、如宇佐使同之、受領赴任時、其身参腋陣、以蔵人伝奏、召内廊給禄、（蔵人給之、）拝舞退下、若国間有可被仰事、其時ハ近ク召、奉仰称唯、殿上受領召時、不垂御簾、地下受領ハ、垂」(120ウ)御簾、応和、丹波守高輔赴任之時、被召御前ニ、不垂御簾、止昇殿之後、不幾故也、在御記、内裏穢時、国司於陣外申事由、仰聞食由、不給禄、又御物忌時、給禄テ不召御前、（応和、伊与守守義例、）又有指合事時、以蔵人申事由、於腋陣給禄、不召御前、是流例也、応和、依除目譲不召御前、如此禄ハ、殊ニ給御衣」(121オ)一襲、只ハ内蔵寮也、又依夜陰不召御前例也、（康保例、）

一、●明経内論義

主上御南殿母屋御簾内、次内侍臨檻喚人、次王卿参上、次近衛将
参上着座、次大臣喚内豎、々々称唯入自日華門、立桜樹西南、大
臣宣、博士召才、次博士ヲト《已下イ》入自日華門、列軒廊」(121ウ)前、桜東程、西上北面、次
大臣召博士等、着南簀子床子、次問答、次博士等退下、次公卿出
居下殿、次還御本殿、次蔵人令持禄、於左青鏁門下令給博士已下、

一、●雪山、
年内雪ハ蒙催、所衆・滝口等参、春雪ハ沓鼻隠レハ必可参、大内ニハ
藤壺、弘徽殿也、里内依」(122オ)便宜、蔵人下知修理職儲屋具、雪不足時被
召諸御願寺、執行奉之、滝口相具衛士及取夫、上殿上舎、抛雪、
所衆作雪山、滝口於棟板雪所衆作山、滝口上臈三人、所衆上臈三
人、立庭奉行、持柄振、蔵人頭候簀子奉行、多直衣、蔵人候便所テ伝
事、修理職作屋、凡此事上古不見、自中古事也、事始」(122ウ)大略一条
院御時以後也、清少納言記、在其子細、初雪見参ハ近代絶了、初雪
日仰六位蔵人令取所見参、蔵人束帯或宿衣、召朝餉仰之、内侍伝
仰、蔵人進見参給禄、内蔵寮絹、大蔵省布也、
女房蔵人已上絹一疋、主殿掃部女官、信濃布四段、下各二段、
御厨子所得選、各一疋、刀自、各三段、」(123オ)
此外御厠人、長女、内豎、主殿官人、史生、案主、下部、今良、
諸陣府生、番長、舎人、依差給之、

一、●犬狩
蔵人承仰下知、所衆・滝口参、滝口ハ帯弓箭儲所々射犬、所衆ハ入
縁下狩出、而此役太見苦、仍近代好遅参、定蒙召籠、仍衛士」(123ウ)并
取夫入縁下、
匡房記曰、堀川院御時、犬狩被問諸陣、而先例当御物忌時、犬狩
◦《尤イ》有便云々、
俊忠又蔵人一両人持弓、先例犬狩時、仰左右近陣吉上等狩之云々、
殿上将佐已下可持弓也、

一、●鳥」(124オ)
幼主時、小鳥合并鶏闘、常事也、子細無定様、又遣馬部吉上、取
小家小鳥鶏、流例也、如此興遊、幼主御時事歟、

一、●虫
松虫、鈴虫類、人々進之、或被召賀茂社司、堀川院御時、頭已下
向嵯峨野、誠有逍遥、是給虫屋向選虫奉之、」(124ウ)

(奥書1)
「此抄　順徳院製作也、

(政家)
(朱印)」(125オ)

(空白)」(125ウ)

(奥書2)
「不可他出者也、

(政家)
(花押)」(126オ)

(空白)」(126ウ)

尊経閣善本影印集成 51

禁秘御抄

発行 平成二十五年八月二十二日
定価 （本体二四、〇〇〇円＋税）
編集 公益財団法人 前田育徳会尊経閣文庫
東京都目黒区駒場四－三－五五
発行所 株式会社 八木書店古書出版部
代表 八木乾二
東京都千代田区神田小川町三－八
電話 〇三－三二九一－二九六九〔編集〕
六三〇〇〔FAX〕
発売元 株式会社 八木書店
東京都千代田区神田小川町三－八
電話 〇三－三二九一－二九六一〔営業〕
六三〇〇〔FAX〕
製版・印刷 天理時報社
用紙（特漉中性紙） 三菱製紙
製本 博勝堂

ISBN978-4-8406-2351-3 第七輯 第8回配本

Web http://www.books-yagi.co.jp/pub
E-mail pub@books-yagi.co.jp